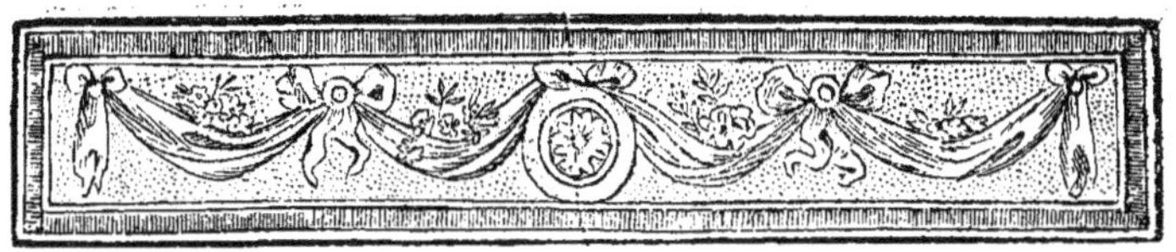

RÉPLIQUE

à un Écrit intitulé :

MÉMOIRE JUSTIFICATIF

des Sujets de l'Académie Royale de Musique,

En Réponse à la Lettre Anonyme qui leur a été adressée le 4 Septembre 1789, & qui a pour Épigraphe : Tu dors, Brutus, & Rome est dans les fers.

Texte du Mémoire.	Réplique au Mémoire, appuyée de Pièces justificatives.
Quoiqu'un Écrit, sans nom d'Auteur ni d'Imprimeur, n'exige pas ordinairement de réponse, nous nous croyons, dans ce moment-ci, forcés d'instruire le Public de l'administration d'un Spectacle qu'il a constamment honoré de ses suffrages, & dont son goût éclairé fait depuis long-temps la consistance & la gloire. Notre intérêt est trop intimement lié au succès d'un Théâtre auquel nous avons consacré notre vie entière & nos	La Lettre anonyme, avec l'Épigraphe : *Tu dors, Brutus, & Rome est dans les fers,* & le *Mémoire Justificatif des Sujets de l'Académie Royale de Musique,* ont le même but, & sont des mêmes Auteurs. Le peu de précautions prises par les Sujets, qui ont signé le Mémoire, pour distribuer la Lettre, tant au Magasin qu'au Théâtre, plusieurs propos échappés aux plus indiscrets, tout contribue à prouver que l'une a été le prétexte de l'autre, & que l'on n'a eu en vue que de critiquer & d'inculper l'administration actuelle. Le Roi & son Conseil l'ayant établie par un Arrêt du 17 Mars

A

1780, & son organisation n'ayant jamais eu pour objet que la conservation d'un Spectacle unique en Europe, digne, sous tous les rapports agréables & politiques, de l'attention du Gouvernement, comme Commissaire en cette partie de la Maison du Roi, & pour répondre à la confiance dont on m'honoroit, je l'ai surveillé, depuis ce temps, & pour prix des soins infinis & très-gratuits que j'ai donnés à cette administration, je ne m'attendois pas à être forcé de réfuter, par la seule vérité des faits, ce Libelle appellé: *Mémoire Justificatif*. C'est au Public impartial à juger. Le Précis que j'ai cru devoir imprimer, & où j'ai exposé, avec franchise, les plaintes du Public contre l'Opéra, a répandu la plus grande lumière, sur tout ce qui tient aux dépenses de ce Spectacle, dont les détails sont infinis, d'autant que j'y ai joint plusieurs tableaux, dont j'atteste l'exactitude & la vérité. Les gens raisonnables en ont été satisfaits. Ceux qui ne désirent que les innovations, je n'ai pas espéré les persuader; mais mon ouvrage aura pu les instruire, & cela me suffit. J'engage les personnes impartiales, & qui voudront lire cette Réponse, à rapprocher mes allégations de ce qui peut y avoir rapport dans le Précis que j'indique, sans quoi, je me trouverois forcé à réimprimer un volume considérable.

C'est peu pour les Signataires du prétendu *Mémoire Justificatif*, d'avoir, comme je l'ai dit, inculpé l'administration particulière, sous laquelle ils sont engagés; ils y ont encore calomnié l'administration particulière dont je suis chargé depuis plus de trente ans; j'ai cru me devoir à moi-même, dans le premier moment, de rendre public l'engagement que j'ai contracté, sous l'autorisation du Ministre, de répondre, par la voie de l'impression, article par article, au Mémoire prétendu justificatif des Sujets de l'Académie Royale de Musique.

C'est cet engagement que je remplis ici. Je me propose de joindre, à l'appui de cette Réponse, & pour ne rien laisser à désirer, plusieurs nouvelles pièces justificatives & tableaux, auxquels j'aurai soin de renvoyer par des numéros.

J'ai toujours pensé, & je crois fermement que nul ne doit être esclave que de sa parole & de ses engagemens; que les talens doivent être honorés, accueillis & encouragés, sur-tout par ceux qui ont des relations avec eux. Aussi ai-je fait ma profession de foi à cet égard, en terminant ainsi le Précis sur l'Administration de l'Opéra, *page 49.*

---

talens, pour que l'on puisse raisonnablement nous accuser *de laisser périr volontairement, entre nos mains, le premier Spectacle de l'Europe.*

Sans être regardés comme de *vils esclaves* de ce que l'anonyme appelle *Aristocratie commissarielle,* tant que le nom du Roi a semblé, sinon justifier, au moins autoriser les nombreux abus dont nous étions les témoins & souvent les victimes, le respect a pu, a du peut-être nous impofer filence. D'ailleurs, pouvions-nous le rompre ? Perfonne n'ignore aujourd'hui tous les moyens que favoient employer les petits defpotes fubalternes pour entraver la liberté, obftruer la plainte, & faire taire jufqu'au murmure. Aujourd'hui que la vérité peut fe faire entendre, que c'eft un devoir de citoyen, d'éclairer toutes les parties de l'adminiftration publique, les Sujets de l'Opéra ne craindront plus d'élever la voix, de faire entendre leurs juftes réclamations, de mettre aux pieds du Roi, aux pieds de la Nation, & leurs inquiétudes fondées, & les efpérances qu'ils conçoivent encore de conferver à l'Opéra François, fon éclat & fa fplendeur.

„ Quelque forme que puiffe prendre „ l'Adminiftration de l'Académie Royale „ de Mufique, elle doit fe faire un devoir „ d'améliorer, autant qu'il eft poffible, „ le fort des Sujets, & d'exciter leur „ zèle par de bons procédés & par des „ récompenfes envers ceux qui fe diftin„ gueront par une conduite digne d'Ar„ tiftes eftimables. Le Public mettra le „ comble à ces juftes encouragemens, „ par l'eftime & la confidération qu'il „ leur accordera.

Les Sujets de l'Opéra peuvent-ils regarder, comme un efclavage, la néceffité où eft leur Directeur, d'affurer le fervice du Public, de maintenir le meilleur ordre poffible, & de veiller à l'exécution des *Réglemens projettés & acceptés par eux-mêmes en 1780*, & fous l'empire defquels ils ont contracté des engagemens envers le Public ? Ce font ces règlemens qui ont fervi de bafe aux Arrêts & Lettres patentes, obtenus pour l'Opéra.

Sans doute il eut été poffible (& je l'ai dit dans le Précis, *page* 34 *& fuiv.*)

de conferver à l'Opéra fon éclat, non-feulement avec moins de rifque pour les finances du Roi, mais encore avec profit pour les Sujets de l'Académie. Cela dépendroit en grande partie, de l'exécution littérale des règlemens, & du rétabliffement d'un ordre plus fuivi & plus économique dans les dépenfes journalières. (*)

Ce n'eft point un vain reffentiment qui nous force à développer les caufes de ce long & effrayant déficit, qui, d'année en année, s'accroît & pèfe de plus en plus

Je remets à parler ci-après, du déficit dont j'ai donné le tableau à la fuite du Précis fur l'adminiftration de l'Opéra.

Je me contente de répondre au paragraphe ci-contre, que l'on ne conçoit pas comment l'Inftigateur de tous les

------

(*) Jamais l'on ne pourra efpérer d'économie fenfible, tant que les Ballets feront furchargés d'un grand nombre de Sujets, & fur-tout lorfque les premiers Danfeurs, & fur-tout les premières Danfeufes, exigeront fans néceffité des habits neufs, & refuferont de danfer, fi on ne les leur accorde pas ; c'eft ce qui arrive très-fréquemment.

A ij

troubles de l'Opéra, a ofé entreprendre de perfuader aux Sujets, qui ne font feulement qu'appointés, qu'ils font propriétaires de ce Spectacle. Le Roi n'annonce nulle part, dans l'Arrêt du Confeil du 17 Mars 1780. (que l'on trouvera à la fin de Mémoire, N.º 1.er) que fon intention foit de leur céder la propriété de l'Opéra, puifqu'il eft dit au contraire que Sa Majefté renonçant, du moins pour un temps, à la forme d'entreprife, a approuvé les moyens qui lui ont été préfentés, pour affocier aux fuccês & aux bénéfices d'une adminiftration nouvelle, les Directeurs & principaux Sujets de l'Académie Royale de Mufique, afin d'exciter de plus en plus leur zèle & leur activité. Le Roi donc, en confervant fa propriété entière, veut feulement bien affocier les Sujets aux bénéfices. (*)

Cette répétition n'exige pas de réponfe, attendu qu'il a été fait plufieurs fois mention, dans différens écrits, de la perte de fept cent mille livres qu'éprouva la Ville, dans les années 1778 & 1779. Mais M. de Vifmes, auquel on ne peut refufer de l'intelligence & de l'activité, ayant été obligé de renoncer à fon entreprife, dès la première année 1778, demanda une régie, à titre de confiance, pour l'année 1779. Il a prouvé par-là combien toutes fpéculations fur un fpectacle, qui entraîne tant de dépenfes imprévues, étoient fauffes, puifque, malgré fes foins & le défir

fur le Tréfor-royal, qui change enfin en charge publique, un Spectacle d'agrément, qui en réuniffant tous les arts & tous les talens, faifoit à la fois & la gloire de la Capitale de la France, & l'admiration des Étrangers. Un motif plus jufte nous impofe la loi de parler. C'eft notre propriété qui eft attaquée; c'eft le fruit de nos travaux que nous fommes menacés de perdre; c'eft enfin le fol que nous avons fécondé, qu'il eft de notre intérêt de conferver, & d'arracher à de nouveaux déprédateurs qui pourroient encore ou gréver, ou fpolier nos récoltes.

On fe fouvient encore de l'inconcevable adminiftration de 1778 & 1779. qui coûta à la Ville plus de *fix cent mille livres*, quoique la dernière année eut été marquée par la mife d'un des ouvrages de ce Théâtre, qui ait le plus rapporté à la Caiffe. Ce déficit révoltant porta, jufqu'à l'évidence, la juftice des plaintes qu'alors les Sujets de l'Opéra ne ceffoient de faire contre le Régiffeur qui exploitoit pour le compte de la Ville. Il fut remercié

(*) L'on trouvera fous le N.º 2. l'état du fervice des principaux Sujets, lequel mettra à même de juger, fi par leur zèle & leur activité, ils ont coopéré, autant qu'il leur a été poffible, à l'amélioration des Recettes de l'Opéra.

avec *neuf mille livres* de penfion, & , dit-on , *vingt quatre mille livres* de gratification.

C'eft à cette époque que le Miniftre des finances (& il eft confolant de rappeller que ce Miniftre étoit M. Necker), confentit à nous laiffer la manutention de l'Opéra. Nous n'avions ceffé jufqu'alors de folliciter cette faveur, & nous pouvons ajouter que cette grâce devient rigoureufement une juftice, lorfque le Gouvernement, renonçant à la geftion directe de cette entreprife, n'a plus qu'à choifir entre des fpéculateurs étrangers, & les Sujets mêmes dont l'exiftence eft effentiellement liée au fuccès de leur adminiftration.

Ce fut donc en 1780, que nous eumes l'adminiftration de l'Opéra. Cette année fut la feule où nous jouîmes de quelque liberté dans nos opérations. Un excédant de recette de près de *quarante mille livres* fur la dépenfe, juftifia la demande que dous avions faite de régir ce Spectacle. Alors notre Comité fut légalement compofé de Sujets co-partageans ; tous les objets d'adminiftration furent prévus & difcutés. Nous avions choifi

raifonnable de faire une affaire avantageufe à fes intérêts, il a effuyé une perte fi confidérable ; mais quel droit avoient les Sujets de l'Opéra, de porter des plaintes contre M. de Vifmes, qui a payé exactement les appointemens à leur échéance.

Au refte, M. de Vifmes n'a fait qu'éprouver, dans ces deux années, le fort de toutes les entreprifes ou régies précédentes, dont le réfultat a occafionné plufieurs millions de perte à la Ville, depuis 1749 jufqu'en 1780. On auroit dû dire auffi que s'il n'avoit pas éprouvé, dans fon adminiftration, des tracafferies, fufcitées dès-lors par l'Auteur des troubles de l'Opéra, (ce qui fut même caufe qu'il n'y eut point de fpectacle un vendredi,) la perte fur ces deux années eût été moins confidérable ; mais ce fut moins cette perte, qui détermina les Miniftres à propofer au Roi le régime actuel de l'Opéra, que celles éprouvées conftamment par la Ville, depuis 1749, dans l'Adminiftration de ce Spectacle.

Ce ne fut certainement pas fur la demande des fujets de l'Opéra, que le Roi fe porta à en changer la forme. Pour s'en convaincre, il n'y a qu'à lire l'Arrêt du Confeil du 17 Mars 1780, ci-après, lequel fervira de réponfe à la majeure partie des faits avancés par l'Auteur du Mémoire *prétendu* juftificatif : mais ce qu'il eft effentiel de faire remarquer, c'eft que, malgré les principaux éclairciffemens qu'il n'a pas été poffible de donner dans un fimple Précis, le même Auteur veut toujours attribuer aux fujets actuels l'honneur de l'adminiftration de 1780. Cependant, de ceux qui furent nommés au mois d'Avril de cette année, par M. Amelot, pour compofer le Comité, qui a régi pendant les années 1780 & 1781, il ne refte attachés à l'Opéra que MM. Dauvergne & Lainez. On ne comprend pas pourquoi l'Auteur du Mémoire veut faire l'honneur à tous les fujets de l'Opéra, qui n'avoient aucun droit au partage des bénéfices (les fieurs Chéron, Rouffeau & Laïs, n'étant alors que des doubles,) de la bonne adminiftration de l'année 1780 à 1781, qui eft la feule, dit l'Auteur, qui ait préfenté des bénéfices. L'année 1785 à 1786, fous·la nouvelle direction de M. Dauvergne, en a préfenté un de 1700 l. 4 f. 3 d., fomme bien modique à la vérité, mais qui paroîtra de quelque importance, lorfque l'on faura que ce léger bénéfice a fuccédé à un déficit de 132613 l. 5 f. 6 d. en l'année 1784 à 1785, régie par les fujets de l'Opéra. C'eft donc à tort que l'Auteur ofe avancer qu'il n'y a que l'année 1780 à 1781 qui ait offert des bénéfices. Sans vouloir déprimer le zèle des fujets qui compofoient le Comité en 1780,

parmi nous des Commiffaires qui fuivoient particulièremenr les différentes branches qui conftituent l'enfemble de la chofe ; ces Commiffaires rendoient compte au Comité qui avoit la liberté de délibérer & la force de réfifter aux entraves que l'on effayoit déjà d'oppofer à fes foins & aux lumières qu'il acquéroit fucceffivement. On commençoit à voir avec peine que nos camarades, déjà agréables au public, par leurs talens, alloient ajouter à ce titre recommandable celui de bons adminiftrateurs de leur bien ; car l'Opéra doit être la propriété, & devient, pour ainfi dire, le patrimoine des Artiftes qui coopèrent à fon exiftence, à fa fplendeur & à fes progrès : il faut en éloigner l'ignorance qui le dégrade, & la cupidité qui le dévore.

il n'en eft pas moins vrai que cette année où le bénéfice a été d'environ 40000 l., lequel fut partagé, au marc la livre, entre les vingt-quatre fujets ayant part aux bénéfices, la recette à la porte fut de 485077 l. 7 f., & celle de l'année 1785, où le bénéfice ne fut que de 1700 l., ne s'eft élevée qu'à la fomme de 459291 l. 10 f. Les petites loges de 1780 étoient louées 235394 l. 8 f. ; celles de 1785, 288744 l. Les bals produifirent en l'année 1780, 65831 l. ; & pour 1785, feulement 39154 l. ; qu'il n'y eut point de penfions à payer pour 1780, & que l'année 1785 en fupporta pour 47446 l. ; que les appointemens en 1780 étoient de 312677 l., & en 1785 de de 417866 l. ; qu'enfin, il fut prêté dans l'année 1780, par les Menus, quatorze cents trente-neuf habits, fur les demandes du fieur Chanley, garde-magafin, & fur fa reconnoiffance infcrite fur le regiftre des Menus, que j'ai fous les yeux. Voilà ce qui rendit les fournitures prefque nulles dans cette année. On verra ces détails dans les Tableaux N.º 3 & 4, à la fin de ce Mémoire.

Quoiqu'en dife l'Auteur du Mémoire, l'Adminiftration de 1780 a chargé l'année 1781 de 20950 l. de penfions, fuivant les comptes rendus d'après les regiftres de l’Opéra : le déficit de l’année 1781 à 1782 fut de 47557 l. 17 f. 10 d. Il ne faut l’attribuer qu’à la fuite de l’incendie, le Roi ayant payé les appointemens des fujets jufqu’à la rentrée daus la nouvelle falle. Il fut prêté dans ladite année neuf cents cinquante-fept habits des Menus.

Cette année de notre geftion particulière, la feule où l Opéra ait bénéficié, eft véritablement la feule où nous ayions eu quelqu’influence. Il eft de notre honneur, il eft par conféquent de notre devoir de déclarer hantement que la régie des années fubféquentes nous eft devenue étrangère. Le Public, qui fait que nous avons continué de nous affembler en Comité, pourroit s’y méprendre ; & nous croyons que ce feroit mal préjuger de nos talens à adminiftrer, que de nous imputer le déficit de ces huit dernières années. Le Comité, toujours mis en avant, n’étoit & n’eft encore qu’un fimulacre d’adminiftration. Il eft vraifemblable qu’en nous permettant de continuer nos affemblées, on croyoit que nous pouvions fanctionner, par nos fignatures, les opérations déjà déterminées de plus haut, & par-là leur donner l’apparence d’être le réfultat d’un vœu général. Il fe pourroit auffi qu’on eût eu la première intention de s’éclairer de nos avis : on y a joint depuis la très-légère précaution de nous défendre d’en avoir. Le Public eft inftruit du traite-

Comme l’Auteur du Mémoire ofe dire que l’année 1780 à 1781 eft la feule où les fujets ayent eu quelque influence, & qu’il ait même fait figner cette affertion par des fujets qui n’étoient pas alors du Comité, & par d’autres qui ne font à l’Opéra que depuis trois, deux & même moins d’un an ; quoiqu’il ofe avancer qu’il eft de l’honneur des fujets, & conféquemment de leur devoir, de déclarer hautement que la régie des années fubféquentes leur eft devenue étrangere, l’on ne peut fe difpenfer d’expofer ici l’exacte vérité, & de répéter, pour les perfonnes qui n’ont pas lu le Précis fur l’adminiftration de l’Opéra, que M. Amelot ayant confenti, après la retraite de M. d’Auvergne, à ce que le Comité, à Pâques 1781, fe partageât les différentes branches de l’adminiftration, il nomma le fecrétaire de l’Opéra, pour me rendre un compte exact de toutes les opérations du Comité, lequel fut compofé alors des fieurs Goffec, maître du théâtre ; Legros, Lainez, acteurs ; Gardel l’ainé & Dauberval, danfeurs ; la Sufe, maître des chœurs ; Rey, maître de l’orcheftre, & du fieur la Salle, fecrétaire.

Le Comité commença fes fonctions à la rentrée du théâtre en 1782; mais bientôt les membres du Comité, à l’exception du fieur Legros, fe dégouterent du travail que leur occafionnoit la fuite des détails particuliers dont ils s’étoient chargés, & donnerent toute leur confiance au secrétaire de l'Opéra , lequel devint par-là le simulacre d'un directeur.

Ce fut donc le sieur la Salle , qui alors s'emparant, en 1782, de toutes les affaires

ment que plusieurs d'entre nous ont éprouvé , lorsqu'ils ont voulu élever la voix.

principales de l'administration, fut chargé de me remettre les différentes délibérations du Comité, écrites de sa main, & signées de lui & des sujets du Comité.

De toutes ces délibérations , dont j'ai les originaux , & dont copie doit se trouver sur les régistres de l'Opéra, que le sieur la Salle a dû tenir, il n'en est aucune que le Ministre n'ait approuvée. Voilà donc une premiere preuve sans replique que le Comité de 1782 à 1783 n'a éprouvé , à cet égard, aucune contradiction de la part du Ministre , ni de la mienne. Il s'en est également rapporté , ainsi que moi , à la bonne foi du Comité sur l'état des recettes & dépenses arrêtées chaque mois par lui, & dont le sieur la Salle remettoit deux doubles, un pour le Ministre & un pour moi. Le sieur la Salle ne m'a jamais produit aucune des pieces justificatives de ces états, pas même dans les instans où je lui témoignois mes inquiétudes, en voyant la dépense d'un mois excéder la recette.

Le sieur la Salle, ni le Comité, n'ont pas été plus gênés dans le choix des ouvrages donnés au théâtre. Nulle recommandation de ma part à cet égard, n'ayant jamais voulu compromettre , par aucun goût personnel, les plaisirs du public , & donner lieu par des préférences à de justes plaintes de la part des auteurs. Si j'ai été dans le cas de sévir par fois contre les sujets qui élevoient des prétentions nuisibles au service du public , ou contraires aux réglemens, ou enfin à l'économie , je ne l'ai jamais fait que d'après les délibérations signées du sieur la Salle & du Comité, & avec l'approbation du Ministre. J'ai toujours même, pour les punitions imposées sur les demandes du Comité , conformément aux réglemens, employé dans mes représentations les ménagemens dus à des gens à talens, sans rien me permettre qui pût les humilier. On voit donc que le sieur la Salle a gouverné l'Académie Royale de Musique, soit par lui-même, soit par le concours du Comité, (avec une autorité aussi entiere que celle d'un directeur ou d'un entrepreneur,) jusqu'à la rentrée de M. Dauvergne à l'Opéra, *pendant trois ans*, c'est-à-dire, de Pâques 1782 à 1785.

C'est dans le mois d'Août 1783 que le sieur la Salle a fait donner *Alexandre aux Indes*, paroles de M. Morel, musique de M. Méreaux, & au mois de Janvier 1784 *La Caravane*, qui avoit été donnée à Fontainebleau.

Je certifie ne lui avoir donné aucun ordre pour la mise de ces ouvrages, ni ne lui avoir fait, ou à qui que ce soit, aucunes recommandations, soit pour les décorations, soit pour les habits; que le tout a dû être réglé au Comité, ou par le sieur la Salle.

L'Opéra d'*Alexandre*, donné dans une saison peu avantageuse, à cause des chaleurs, a eu seize représentations, qui ont produit 50458 l. 16 s. La mise de cet ouvrage s'est élevée à 14610 liv. J'ajouterai même que peu d'ouvrages nouveaux ont produit cette

recette

recette en autant de repréſentations ; que les Auteurs en auroient pu ſolliciter la remiſe, & que je n'en ai jamais entendu parler (*).

Le déficit en cette année 1783 à 1784, régie par le ſieur La Salle, fut néanmoins de 140536 liv. 13 ſ. 4 d. quoi qu'il eut été prêté par le Magaſin des Menus 861 habits.

Le loyer des petites loges fut augmenté de 97312 liv. par comparaiſon à l'année de 1781 à 1782.

Le réſultat de l'année 1784 à 1785, également régie par le ſieur La Salle & le Comité, donna un déficit de 132613 l. quoique le loyer des petites loges fut encore augmenté, dans cette année, de 23000 liv. & que la redevance des Spectacles forains fut portée, dans cette année, au double de ce qu'elle étoit dans les deux premieres années admi-niſtrées par M. Dauvergne.

On voit au Précis ſur l'adminiſtration de l'Opéra, que le déficit des années 1782 à 1783, 1783 à 1784, & 1784 à 1785, régies par le ſieur La Salle & le Comité, ſans aucunes entraves, recommandations, ni protections, a été de 327179 liv. que celui des années 1780 à 1781, 1781 à 1782, 1785 à 1786, 1786 à 1787, & enfin 1787 à 1788 (ce qui fait cinq années adminiſtrées par M. Dauvergne & le Comité) a été de 115724 l. 8 ſ. 6. d. Il en réſulte que l'adminiſtration des cinq années de M. Dauvergne a coûté au Roi 211454 liv. 11 ſ. 6 d. moins que les trois années régies par le ſieur La Salle & le Comité, ce que je certifie véritable, quoiqu'en diſe le Mémoire juſti-ficatif des ſujets de l'Opéra, dirigés par le ſieur La Salle.

<table>
<tr><td>

Il n'eſt pas hors de propos ici, & avant de ſuivre l'ordre des faits ultérieurs, de répondre aux objec-tions qu'on nous a déjà faites, & qu'on ne manqueroit pas de renou-veller ſur le bénéfice de notre Ad-miniſtration, en 1780.

</td><td>

L'on a démontré dans le Précis, indé-pendamment de ce qui eſt énoncé ci-deſſus, les augmentations ſucceſſives des recettes de l'Opéra, depuis Pâques 1780, juſqu'à Pâques 1789 ; ainſi, l'on ne s'é-tendra pas davantage ſur cet article, non plus que ſur le prêt des habits des Menus, dont le nombre, ainſi qu'on le verra par

</td></tr>
</table>

(*) *La Caravanne*, donnée au mois de Février 1784, juſqu'à la fin de 1788, a eu quatre-vingt-dix-huit repréſentations, qui ont produit 223074 liv. 18 ſ. Sa miſe a coûté 14910 liv. 3 ſ. 6 d.

Panurge, donnée en Janvier 1785, a eu juſqu'à la même époque, ſoixante-quatre repréſentations, dont la recette s'eſt montée à 183221 liv. 18 ſ. Sa miſe a coûté 32348 liv.

Themiſtocle, donné à la fin de Mai 1786, n'a eu que trois repréſentations, qui ont produit 6615 liv. 4 ſ. La dépenſe s'eſt élevée à 18379 liv. 8 ſ. 8 d.

Aſpaſie, dont la miſe a coûté 29383 liv. 14 ſ. 5 d. a eu ſeize repréſentations, qui ont produit 37620 liv. 4 ſ. a été interrompue pour la miſe *des Prétendus*. Il reſte de la dépenſe de cet Opéra, de ſuperbes décorations, qui ſerviront pour cet ouvrage, s'il eſt repris, ou pour d'autres.

En réſumant toutes les recettes & dépenſes des cinq ouvrages ci-deſſus, il ſe trouve qu'ayant produit en cent quatre-vingt-quatorze repréſentations, 500791 livres ; & leur miſe ne s'étant élevée qu'à 109631 liv. 9 ſ. 3 d. la recette a excédé la dépenſe de 401159 liv. 10 ſ. 3 d.

B

le tableau, à la fin du Mémoire (n° 4.) a été depuis 1780 jusqu'à 1788, de 7178, par les demandes & récépissés du sieur Chanlay, garde-magasin de l'Opéra. La remarque, *qu'un bon Administrateur n'a pas dû faire un prêt aussi considérable sans cette formalité,* n'est qu'une méchanceté démontrée par le registre tenu au magasin des Menus, & signé, à chaque livraison, par le garde-magasin de l'Opéra. Pendant les trois années, administrées par le sieur La Salle, l'on voit sur ce régistre, signé du sieur Chanlay, qu'il a été prêté 2580 habits. S'ils eussent été faits aux dépens de l'Opéra, en les évaluant, pour fourniture d'étoffes, broderies, galons, journées de tailleurs & autres, à 50 liv. seulement, l'un dans l'autre, il en auroit coûté 129000 livres, au moins de plus dans les trois années. La totalité des habits prêtés par les Menus, étant de 7178, il s'ensuit, en les mettant à 50 livres, que le Roi a secouru l'Opéra de plus de 358000 livres, par différens prêts; ce qui mérite bien quelqu'attention. Cela répond suffisamment à l'Art. III de l'Arrêt, cité dans le Mémoire des sujets. Il est vrai que l'on avoit pensé à fixer, ainsi que je l'avois proposé, une somme annuelle, pour les spectacles de la Cour; mais après plus mûre réflexion, l'on a senti qu'il y auroit de l'inconvénient, parce que la somme que l'on déterminoit, pourroit être trop forte dans les années où il n'y auroit pas de grands spectacles à la Cour. En effet, on a donné en 1783, 1785 & 1786, onze Ballets détachés de l'Opéra, à la suite des Opéras-comiques, tant à Versailles qu'à Fontainebleau, trois grands Opéras à Fontainebleau. Didon,

On nous oppose de n'avoir point eu la charge des pensions pendant cette année ; mais on oublie, ou l'on feint d'oublier, qu'à cette époque la location des loges, qui est aujourd'hui de *quatre cents cinquante mille livres,* n'étoit alors que de *deux cents trente mille livres;* que la redevance de l'Opéra comique & des Spectacles forains, qui alors n'alloit pas à *cinquante mille livres,* est aujourd'hui un objet de plus de *cent quatre-vingt-dix mille livres,* ce qui fait *six cents cinquante mille livres* de recette avant d'ouvrir la porte. On va plus loin, on nous présente un mémoire de 1439 habits prêtés par les Menus, dans cette même année, & on conclut que, sans ce prétendu secours, au lieu d'avoir gagné, nous nous serions trouvés en déficit. Nous serons de cet avis, lorsqu'on nous aura présenté le récépissé de ces habits, signé du Comité ; car un bon Administrateur n'a pas dû faire un prêt aussi considérable sans cette formalité. Il est bon d'observer que les deux années de l'administration de M. de Vismes ayant été très-onéreuse, le Roi, par Arrêt de son Conseil, du 17 Mars 1780, retira l'Opéra des mains de la Ville. Sa Majesté en abandonne le bénéfice aux principaux Sujets, & ordonne, Article

III dudit Arrêt, que : *Tous les habits de Théâtre, toutes les décorations, ainsi que tous les autres objets qui peuvent servir à l'Académie Royale de Musique, & qui font actuellement dans les magasins-des Menus-Plaisirs du Roi, seront remis à ladite Académie Royale de Musique.*

M. d'Auberval, notre ancien camarade, nommé alors Commissaire au département des habits, se crut autorisé à aller inventorier cette partie aux Menus plaisirs, où on lui apprit que l'ordre de remettre les habits, signifioit les *prêter*. M. d'Auberval en rendit compte au Comité, & dit que ces habits avoient été tant & si souvent prêtés pour différentes fêtes, qu'ils n'étoient pas présentables. On prit le parti de se servir des habits de l'Opéra, qui étoient en bon ordre, de préférence à ceux des Menus, où l'on avoit été obligé de les renvoyer tels qu'on les avoit apportés, parce que la réparation en auroit été très-dispendieuse. On voit à présent où aboutissent tous les efforts que l'on fait pour déprimer cette année de notre gestion particulière qui, en effet, & nous en convenons, est une terrible censure de celles qui l'ont suivie.

Le même Article III de l'Arrêt

la Caravanne & Chimène, dont la dépense a été faite par le Roi, & dont les habits tout neufs ont ensuite servi pour l'Opéra de Paris.

La dépense de ces trois grands spectacles, arrêtée au Bureau général de la Maison du Roi, par les Ministres & les Commissaires du bureau, en présence des Officiers de la Chambre des Comptes, du premier commis de la Maison du Roi, de celui des Finances, & du Trésorier général de la maison de Sa Majesté, s'est élevée à la somme de 112358 l. 3 s. 3 d. pour toute espèce de fournitures & soieries, draps, mercerie, galons, broderies, gazes, linons, rubans, pelleteries, perles, fleurs artificielles, chapeaux, bas, souliers, plumes, toiles à décorations, fourbisseurs, arctiers, masques, corps, rouge, perruquiers, coëffeurs, &c. & pour ces mêmes spectacles, il n'en a coûté au Roi, en outre, que le seul payement des sujets, tant du chant que de la danse, pour leurs rétributions, fixées à raison de 12 l. & 10 liv. par jour de séjour, & 24 liv. de plus pour ceux qui ne jouissent pas d'appointemens fixes sur l'état de la Musique du Roi, le tout payé par le Trésorier de la Maison du Roi, suivant les états émargés par chacun d'eux, & qui font partie du compte qu'il rend annuellement.

L'on demande, d'après cela, comment il seroit possible de déterminer des sommes fixes & annuelles, pour le service des Spectacles de la Cour? Dans les années où il n'y en auroit point, les sujets auroient-ils la ridicule prétention qu'on leur payât cette somme convenue pour se la partager entr'eux.

B ij

Ce simple apperçu pour l'année 1783, difpenfe de répondre pour les autres années où il y a eu de grands fpectacles; par exemple : quel arrangement auroit-on pu prendre avec les fujets lors de la mife de l'Opéra d'Armide au grand théâtre de Verfailles, pour le Roi de Suéde, en 1784, avec la plus grande magnificence, & dont la dépenfe, en habits, & autres objets, fuivant le détail précédent, ne s'eft élevée cependant qu'à 57,948 liv. 6 f. 7 d. & 10,962 liv. pour le payement des honoraires des fujets employés audit fpectacle. Tous ces habits, faits à neuf, au nombre de 403, ont été prêtés tout de fuite au mois de Juillet 1784 à l'Opéra, qui n'a été obligé à aucune dépenfe de ce genre, pour donner à Paris ce même fpectacle dans le plus grand éclat. Quoique je n'aie été tenu de rendre ce compte qu'aux Miniftres, & au Bureau général où ces dépenfes ont été arrêtées, j'ai cru cependant qu'il falloit attérer, par ces deux exemples, la calomnie de l'Auteur du Mémoire *prétendu* juftificatif des Sujets de l'Académie Royale de Mufique.

A cet égard, je ne dois aucun compte des projets du Roi & de fes Miniftres. Il paroîtra bien étrange que l'auteur du Mémoire ait ofé parler, à l'occafion de l'Opéra, d'un objet qui lui eft tout-à-fait étranger, lequel regardoit M. Necker feul & fon fucceffeur. Ce que l'on peut feulement dire à cet égard, c'eft que fi les circonftances n'ont pas permis de

que nous avons cité, porte : *Que les habits des Menus*, &c. *feront remis à l'Académie Royale de Mufique, à la charge par elle de faire le fervice de la Cour, pour telles rétributions qui feront trouvées juftes.*

Nous avons été informés, dans le temps, que M. Necker vouloit donner une fomme fixe annuelle, & qu'on lui fit obferver qu'il falloit attendre, pour déterminer cette fomme, la tournure que prendroit la régie des principaux fujets, de laquelle il n'y avoit encore point eu d'exemple. Si les intentions de M. Necker euffent été fuivies, on n'auroit pas été dans le cas de puifer dans le tréfor du Roi d'une maniere indéterminée.

Le même article III dit: *Et ladite Académie pourra pareillement fe fervir de l'Hôtel des Menus, foit pour des magafins, foit pour une école, ou des répétitions, fi long-temps qu'il n'en fera pas fait d'autres difpofitions par Sa Majefté.*

Nous fommes encore informés qu'il entroit dans les vues de Sa Majefté de placer la Douane à l'Hôtel des Menus; qu'en conféquence de ce, on avoit acquis des terreins pour agrandir cet Hôtel. Ce qui a été fait depuis eft affez notoire pour nous difpenfer de toute reflexion à cet égard. Il eſt d'ailleurs vrai-ſemblable que des perſonnes plus inſtruites & plus intéreſſées que nous à l'être, ſauront apporter quelque lumière dans cette très-obſcure & très-coûteuſe adminiſtration, connue ſous le nom de *Menus-Plaiſirs*. Nous reprenons ici l'ordre des faits.

En 1781, nous perdîmes M. Necker, & avec lui l'eſpoir d'obtenir l'exécution de l'Arrêt du Conſeil qu'il avoit fait rendre en notre faveur ; & l'Opéra s'eſt inſenſiblement englouti dans l'adminiſtration des Menus. C'eſt encore pour nous une choſe inconcevable que les volontés du Roi, loin d'avoir été remplies, ſe trouvent diamétralement en oppoſition avec ce qui s'eſt paſſé.

L'incendie de l'Opéra, arrivé au au mois de Juin de la même année, détruiſit en même temps l'eſprit d'ordre & de ſageſſe qui avoit régné juſqu'alors dans les aſſemblées du Comité, & qui, comme nous l'avons dit, n'avoit jamais été vu d'un bon œil. La méfiance ſe manifeſta au point qu'on ne crut pas alors le ſieur

réaliſer les vues qu'avoit alors M. le Premier Miniſtre des Finances, il en connoit les raiſons, & que de plus, il eſt faux qu'il ait été fait aucune acquiſition de terreins pour agrandir l'hôtel des Menus, pour y placer la Douane, mais bien pour faire une ſpéculation avantageuſe pour l'intérêt des Finances de Sa Majeſté, dans le cas où le projet auroit pu avoir ſon exécution ; d'ailleurs ce terrein, qui eſt celui des Filles-Dieu, leur a été rendu depuis, ſans qu'il en ait rien coûté à l'Etat.

L'on ne ſait ce que l'Auteur de ce Libelle veut dire en articulant que l'Opéra s'eſt inſenſiblement englouti dans l'adminiſtration des Menus, puiſque l'Opéra n'a jamais eu d'autre rapport avec l'adminiſtration des Menus, que par les ſecours que les Menus lui ont donnés des habits & des décorations appartenants au Roi.

Cet article, qui n'eſt que déclamatoire contre M. Dauvergne, à la probité, l'intelligence & la capacité duquel les perſonnes honnêtes ont rendu, de tous tems, juſtice, eſt une noirceur de plus de l'Auteur du Libelle, qui a toujours fait ce qu'il a pu pour nuire à ce Directeur, au point de ſoulever injuſtement les ſujets contre lui. Ces faits ſont expliqués dans mon Précis ſur l'adminiſtration de l'Opéra. Ce ne ſont donc que les mauvais procédés que M. Dauvergne a essuyés, de la part, non des sujets de l'Opéra, mais de ceux que lui suscitoit le sieur de la Salle, qui a forcé ce galant homme à demander, comme une grâce, au Ministre, la permission de se retirer d'une administration où il lui étoit impossible de répondre à la confiance dont il étoit honoré.

A l'égard de M. Morel, je dirai qu'ayant eu, à la retraite de M. Dauvergne, une attaque de goutte fort longue & fort douloureuse, M. Amelot me fit l'honneur de venir chez moi, & de me proposer de me faire aider de quelqu'un qui pût assister aux assemblées, & me rendre compte de ce qui s'y passoit ; alors j'indiquai M. Morel, comme ayant des relations avec les sujets, pour différens ouvrages qu'il se proposoit de donner à l'Opéra ; ce que le Ministre agréa.

J'en fis part à M. Morel, que les principaux sujets avoient non-seulement accueilli, mais même demandé au Ministre. Je l'armai de tous les Arrêts du Conseil & Réglemens pour surveiller leur exécution. Ce début déplut si fort, que les mêmes sujets, qui l'avoient vu arriver avec plaisir, commencèrent à s'en plaindre avec autant de force, qu'ils avoient mis d'empressement à le voir assister à leurs assemblées. Aussi ne tarda-t-il pas à me prier de le dispenser de se mêler des affaires de l'Opéra, par l'impossibilité reconnue par lui, de rétablir l'ordre dans aucune partie, bien convaincu qu'il étoit des menées sourdes, mais éternelles, de l'ambitieux Secrétaire, qui

Dauvergne, directeur capable de contenir les principaux sujets, en les empêchant de solliciter l'exécution de l'Arrêt du Conseil, rendu en leur faveur. Le renvoi de ce directeur fut proposé au Ministre. Quoiqu'il fût aussi inutile sur le fait de l'administration qu'il l'est actuellement, & qu'il l'étoit en 1768, en sa qualité d'adjoint à Berton & Trial, le Comité ne vit pas, sans étonnement, cette destitution inopinée ; mais on ne tarda pas à le tirer de sa surprise. Le sieur Morel, dont les rapports intimes avec M. de la Ferté sont assez connus, nous fut proposé pour présider notre Comité. Nous repugnâmes d'abord à cette proposition ; mais l'amour de la paix nous y fit condescendre. Nous fîmes plus, car il faut trancher le mot, nous signâmes la Délibération. Ceux qui connoissent l'ancien régime ministériel ne doivent s'étonner de rien. Heureusement, le sieur Morel se trouvant aussi déplacé parmi nous que nous l'étions avec lui, quitta bientôt la partie, & le Comité administra *sans Directeur*, depuis 1783 jusqu'en 1785. Ce fut alors que le Public observa que, de tous les Spectacles, l'Opéra étoit celui qui faisoit le plus de progrès. Son enthousiasme étoit tel, qu'il y avoit presqu'autant de personnes inscrites pour avoir des loges, qu’il y avoit de Locataires. Le Comité profita de la circonstance, & s’occupa d’une opération concernant les loges, dont le résultat augmenta ce produit d’environ *quatre-vingt mille livres* par an. Quelle fut la récompense du Comité? On en détruisit la consistance, en proposant à M. le Baron de Breteuil le rappel du sieur Dauvergne, que l’on avoit destitué pour *cause d’inutilité.*

redevint encore le directeur suprême de ce Spectacle.

Ce n’est point à une meilleure Administration ni aux efforts que firent les sujets pour plaire au public, par un travail assidu, que l’on doit attribuer l’augmentation du loyer des petites loges, dont le produit étoit, en 1780, comme dans les années précédentes, de 237394 liv. & ne s’est élevé à la derniere année de l’administration des sujets qu’à 283516 liv., tandisque ce même loyer, depuis la rentrée de M. Dauvergne, a été porté, pour l’année 1787 à 1788, à 415808 liv.

On a exposé clairement, dans le Précis sur l’administration de l’Opéra, les raisons qui déterminerent M. le Baron de Breteuil à rappeller M. Dauvergne, & ces raisons sont le déficit de l’année 1783 à 1784, & de 1784 à 1785. Voilà le motif qui peut aisément justifier ce Ministre d’avoir desiré d’établir de nouveau une administration plus économique & moins onéreuse aux Finances du Roi, que celle du sieur de la Salle.

Avant de suivre ces détails, il est indispensable de remonter à l’origine des pertes successives que ce Spectacle a faites depuis 1783 jusqu’en 1785. On a fait, sur chacune de ces années, un compte, par lequel on inculpe le Comité sur la différence qui se trouve entre les recettes & les dépenses.

Pour justifier le Comité, il suffit d’observer que s’il avoit eu la moindre consistance, il se seroit opposé à ce que la salle provisoire fût construite à la porte S. Martin. On peut se rappeller que, d’après

Quoique le sieur de la Salle ne fût, lors de l’incendie de l’Opéra, que simple Secrétaire, sous les ordres de M. Dauvergne, il auroit pu, dans la circonstance présente, rendre un compte plus vrai de ce qui s’étoit passé lors de cet événement, à l’époque duquel, comme je l’ai déjà observé ci-devant, presque aucun des sujets, qui ont signé le Mémoire justificatif, n’étoit encore connu à l’Opéra. Voici le fait, qui, je crois, seroit au besoin certifié par M. Amelot. Ce Ministre voulut bien se transporter avec M. Dauvergne, quelques autres personnes & moi, d’abord aux différens Théâtres des Boulevards, ensuite sur un terrein appartenant au Roi, rue Poisfonniere. Les inconvéniens fans nombre, joints à une grande dépenfe, qui fe préfentoient, ne permirent pas de s’arrêter à aucun de ces emplacemens. Sur ma propofition l’on tenta d’engager M. le Duc d’Orléans à faire l’acquifition des maifons attenantes à la Salle incendiée, jufqu’à la rue des Bons-Enfans, S. A. S. n’ayant pas cru devoir adopter ce plan, M. Amelot s’occupa de faire lui-même de nouvelles recherches dans différens quartiers, pour y placer une Salle provifoire, & ce fut, dans une de ces courfes, qu’il trouva le terrein du Boulevard, près la Porte Saint-Martin, que l’on alloit exploiter pour y conftruire un hôtel pareil à celui qui exiftoit à côté, lequel fert aujourd’hui pour les loges d’acteurs, foyers, &c. Cet hôtel, ainfi que le terrein qui reftoit à bâtir, appartenoit à M. le Noir & Compagnie (*). Je ne cachai pas à M. Amelot l’intérêt que j’y prenois, & lui fis obferver que l’étendue ne me paroiffoit pas affez confidérable pour y conftruire une falle propre pour l’Opéra. Il n’étoit pas queftion, dans ce premier moment, d’y joindre l’hôtel attenant, qui étoit à louer. M. Amelot, fur ma réflexion du trop peu d’efpace, en marqua fa peine, parce qu’il avoit penfé que le vuide, qui fe trouvoit du côté de la rue de Bondy, épargneroit un grand enlévement de terre, pour le deffous du théâtre, & une perte de temps confidéra-

réclamation du Public, & en particulier, de M. de Vougny à M. le Comte de Maurepas, il y eut ordre de fufpendre les travaux de cette falle, parce qu’il étoit injufte de facrifier la commodité du Public & l’avantage de l’Opéra à des intérêts particuliers. Ces intérêts particuliers étoient ceux de M. de la Ferté. On fait que, par contrat paffé en l’étude de M.ᵉ Mégret, Notaire, ce terrein appartenoit à MM. le Noir & Compagnie, & que cette Compagnie eft compofée de MM. le Noir, Riboutet, Kornemann & Papillon de la Ferté. On fit lever cet ordre; les travaux furent repris avec précipitation, par la crainte d’éprouver de nouveaux obftacles. On ne fe donna pas même le temps de s’occuper de la partie du théâtre, dont un des angles étoit coupé par le biais de la rue de Bondi. Cette confidétion eut été un nouvel obftacle; on s’étoit réfervé de l’applanir, lorfque la falle feroit achevée, & que l’on ne feroit plus à temps de faire des difficultés fur fa conftruction. Effectivement, dix-huit

(*) *Nota.* J’étois alors en effet intéreffé dans cette Compagnie, ainfi que dans la fpéculation de plufieurs autres terreins, qui font encore invendus; favoir, plufieurs milliers de toifes au faubourg Saint-Antoine, & un grand nombre de terreins proche la barrière de la rue Poiffonnière & de la rue Richer, où il a été percé plufieurs rues, dont une porte mon nom; ce qui prouve qu’il n’y avoit point de myftère.

mois

mois après, on obtint du Bureau des Finances la permission d'empiéter fur le biais de la rue de Bondi, pour rendre le théâtre quarré, comme il l'eft aujourd'hui. Cette opération fournit l'occafion d'étayer cette falle faite trop à la hâte, & le moyen de la confolider, en l'arc-boutant en même temps que l'on a aggrandi le théâtre. Le furplomb des potaux qui y font, attefte encore ce fait.

Cette dépenfe a été prife fur les recettes de l'Opéra ; le Comité ayant emprunté, à cet effet, *vingt mille livres* de M. de Saint-Vaft, *trente mille livres* de M. Beaugeard, & *cinquante mille livres* de M. Minel. Voilà déja *cent mille livres* qu'il faut déduire fur le déficit dont on inculpe le Comité. Il a de plus contracté un engagement de *foixante-fix mille livres* envers M. Riboutté, pour folde du compte de cette opération, & pour n'être payé qu'à la fuite du remboursement des trois obligations précédentes.

L'éloignement de la falle de l'Opéra eft prefque indifférent aux perfonnes qui ont des voitures ; mais on ne peut fe diffimuler que la claffe moins opulente des honnêtes citoyens que ce fpectacle attire, répugne d'y venir, moins

ble. C'eft ce qui détermina ce Miniftre à demander à M. le Noir un relevé du plan & de l'étendue de ce terrein. Cet architecte les lui porta, deux jours après, vérification faite du terrein, & après un mur examen de divers plans, qui conftatoient la poffibilité de la conftruction d'une falle provifoire, M. Amelot porta ces divers projets à Verfailles, pour les mettre fous les yeux du Roi, de M. le Comte de Maurepas & de M. de Fleury, alors Miniftre des Finances. Il fut ordonné en conféquence de commencer fur le champ les travaux. Il n'y eut aucune réclamation de la part du Public, ni de M. de Vougny, parent de M. Amelot, à M. de Maurepas, encore moins de fufpenfion dans les travaux que M. Amelot ne ceffoit de preffer, & que le Miniftre des Finances aidoit de tous les fecours poffibles ; Sa Majefté défirant que le Public jouit au plutôt d'un Spectacle qui lui étoit agréable. Auffi cette Salle, vu l'incroyable activité de M. le Noir, & des différens Entrepreneurs, furtout de M. Boullet, pour la partie des machines, fût-elle conftruite en 65 jours, & ouvrit le 30 Octobre 1781, par la premiere repréfentation d'Adele de Ponthieu, qui produifit une recette à la porte de 4626 liv. 14 fols ; recette d'autant plus confidérable, pour cette Salle, que je vois par les états de l'année précédente, qu'il n'y a eu dans la Salle incendiée, que fept recettes dans toute l'année plus fortes que celles-ci. Ainfi tout en convenant qu'il eut été à defirer que l'on eut trouvé un emplacement plus rapproché du centre de Paris, où il faudra néceffairement remettre l'Opéra, lorfque les circonftances le permettront, il n'eft

C

pas moins vrai de dire que fi l'on n'eut pas trouvé celui dont on a fait ufage, ainfi qu'un terrein tout déblayé, & un hôtel tout bâti à côté, le Public eut été privé, pendant plufieurs années, de l'opéra. Ce n'eft donc pas mon intérêt particulier, qui a influé fur le choix du local où la falle provifoire a été conftruite.

A l'égard de la folidité de la conftruction & des caufes de l'aggrandiffement de la Salle, j'ai engagé M. Le Noir à donner les éclairciffemens néceffaires, lefquels feront à la fin du Mémoire une pièce détachée. On y trouvera auffi la copie du certificat de la vifite faite il y a quelques mois par ordre du Miniftre, & qui a déjà été rendue publique par la voie du Journal.

encore par la difficulté d'y arriver, que par l'embarras de retourner, faute de trouver des voitures publiques. La non-valeur du parterre ne peut, à cet égard, être évaluée à une fomme moindre de *foixante mille livres.* Le déficit, depuis 1783 jufqu'en 1785, eft donc le réfultat d'une infinité de fauffes opérations auxquelles le Comité n'a pas eu le pouvoir de s'oppofer.

Si l'Auteur du *Mémoire juftificatif* eut pris la peine de lire mon Précis fur l'adminiftration de l'Opéra, il auroit vu que je n'ai pas omis d'annoncer que les différentes augmentations, faites à la Salle provifoire, tant extérieures qu'intérieures, n'ont pas été à la charge du Roi, mais bien prifes fur le produit des Petites Loges nouvelles, que l'on doit uniquement au génie de M. Le Noir, & non au fieur La Salle. Ce produit a été abandonné pour le rembourfement de MM. de Saint Waft, Minel, Beaugeard & Riboutté. J'ajouterai, puifque j'ai pris l'engagement de répondre à tout, que fi l'Auteur du Mémoire eut pris la peine de compulfer les regiftres de l'Opéra, il auroit vu que la recette de l'Opéra, en 1780 & 1781, dans l'ancienne Salle, a été à la porte de 485077 liv. 7 fols, & qu'en 1782 à 1783, (puifqu'on ne peut citer l'année de l'incendie de l'Opéra) elle a été de 472212 liv. qu'il n'y a eu conféquemment qu'une différence de 12865 liv. 7 f. & non de 60000 liv. & d'après cela il n'auroit pas tiré la calomnieufe conféqu'ence *que le défici.* *depuis 1783 jufqu'en 1785, éoit le réfultat d'une infinité de fauffes opérations auxquelles le Comité n'a pas eu le pouvoir de s'oppofer,* puifque l'on croit avoir fuffifamment prouvé que le déficit, depuis Pâques 1782 jufqu'à Pâques 1785, (années adminiftrées fans aucune oppofition par le fieur La Salle,) a été (puifqu'on eft obligé de le répéter) de 527,179 liv. c'eft-à-dire de 211,454 liv. 11 fols 6 den. plus confidérable que celui des cinq années adminiftrées par M. Dauvergne.

Le paragraphe ci-contre, plein de réticences plus méchantes les unes que les autres, n'eft qu'une répétition confufe

Si l'on veut joindre à toutes ces caufes de dépériffement & la magnificence extravagante qu'on a

TEXTE.

prodigué pour la mife de certains ouvrages favorifés, & la quantité de fujets très-inutilement employés fur l'état des appointemens, on fera peut-être furpris que l'Opéra, ainfi adminiftré, ne foit pas infiniment plus arriéré. La modération que nous nous fommes impofée, ne nous permet guère que d'effleurer ces deux articles délicats. Mais, encore une fois, fi nous voulons infpirer quelque confiance, dans la demande que nous faifons de régir nous-mêmes l'Opéra, il nous importe de prouver que les pertes qu'il a effuyées, ne font que l'effet d'abus très-fenfibles dont la réforme eft facile; car demander la manutention d'une entreprife dans laquelle la perte feroit immanquable, ce feroit un acte de démence intolérable. Sans entrer dans tous les détails de la mife des ouvrages depuis 1783, nous ne craignons pas d'être démentis, en avançant qu'il en eft qui ont été établis avec une magnificence telle & fi difproportionnée aux dépenfes qu'on faifoit pour d'autres ouvrages plus diftingués dans l'opinion publique, que fouvent ce même Public, toujours jufte obfervateur, en a témoigné, finon fa furprife (car on en devinoit la caufe) mais fon humeur & fon mécontentement : l'année derniere en offre

RÉPLIQUE.

de tout ce qui eft dit avant dans le *Mémoire juftificatif des Sujets*. Je vais faire enforte d'y répondre le plus briévement qu'il me fera poffible.

1°. *La magnificence extravagante* que l'on reproche, n'a point été entiérement à la charge de l'Opéra, puifque le Roi a prêté, depuis Pâques 1780 jufqu'à Pâques 1789, 7178 habits, magnifiques à la vérité & faits pour les fpectacles de la Cour; mais qui n'ayant rien coûté à l'Opéra, n'ont pu contribuer à fon dépériffement.

A l'égard des autres, faits au compte de l'Académie, je répéte que je n'ai donné, ni verbalement ni par écrit, aucun ordre pour les dépenfes à faire pour les ouvrages, foit en habits, foit en décorations.

2°. Quant à la quantité de Sujets très-inutilement employés, il eft aifé de voir que l'Auteur veut indiquer par-là les Sujets de l'Ecole, *bienfait que l'Académie Royale tient des bontés du Roi*, & qui a procuré des fujets qui pourront un jour devenir agréables au Public; mais qui, en attendant, *ont empéché de fermer le Spectacle plufieurs fois pendant le cours de l'année derniere, & même depuis péu*; quoique l'on cherche à les dégoûter, en les déplaçant, dans l'efpérance que, peut être rebutés, ils chercheront à fe faire un fort dans les Spectacles de Provinces, & *même dans celui de Lyon*.

3°. Je n'ai jamais vu perfonne fe plaindre de la magnificence des habits & des décorations, encore moins en marquer fon humeur & fon mécontentement. J'ai vu au contraire le Public en témoigner fa fatisfaction, par des applaudiffemens pendant les repréfentations, & en parler de nouveau avec plaifir à la fortie du Spectacle. Souvent on m'en a adreffé des complimens ; mais j'ai toujours répondu que l'honneur en étoit dû en entier au génie des Artiftes chargés de ces différentes parties, qui fe conformoient en cela aux demandes & aux defirs des Auteurs des Poëmes ou des Compofiteurs de Ballets. J'obferverai d'ailleurs qu'il y a une grande contradiction entre ce que dit l'Auteur contre la magnificence des habits, & ce qui fe paffe journellement à l'Opéra ; car tout le monde fçait combien il eft rare que les premiers Sujets du Chant ou de la Danfe fe contentent, à la mife d'un ouvrage nouveau, des habits qui leur font deftinés ; qu'ils ne manquent jamais d'exiger plus de richeffe dans les étoffes, broderies, &c. Que de plus, après quelques repréfentations, ils refufent fouvent de fe fervir du même habit, furtout s'il a été porté une fois par leurs remplacemens, ou par leurs doubles. Il y a donc de la mauvaife foi dans la déclamation de l'Auteur, qui en eft inftruit plus que perfonne.

4°. A l'égard de l'Opéra d'Afpafie, dont je n'ai pas recommandé la mife & conféquemment pas l'époque, ce que j'ai dit des ouvrages du même Auteur, je le répéte, je n'ai point vu que cet Opéra ait excité l'indignation générale ; j'ai vu au contraire que l'on étoit très-content des belles fêtes & des beaux ballets que ce fujet amenoit, & qui ont fait honneur au fieur Gardel, ainfi qu'au Deffinateur, pour les décorations agréables & néceffaires à cet ouvrage.

5°. Perfonne ne pouvoit fe faire un

une preuve parmi beaucoup d'autres. On ne pouvoit concevoir que déjà très-arriéré, n'ayant au plus que trois femaines de jouiffance avant la clôture, l'Opéra eût eu l'exceffive imprudence d'ajouter environ *foixante mille livres* à fa dépenfe pour la mife d'*Afpafie* (1). Cet ouvrage eût réuffi au-delà des poffibles, que l'on fent que ce qui reftoit de repréfentations a donner n'eût pas couvert la quinzième partie des avances. Son peu de fuccès ajouta à l'indignation générale. On preffentit déjà, ce qui n'eft que trop à craindre aujourd'hui, la ruine entière d'un Spectacle qui fembloit fe faire un jeu de fes pertes annuelles. On ne pouvoit concevoir que cette Adminiftration, dans la crife fâcheufe où fe trouvoient les affaires publiques, n'apperçut pas de quelle importance il étoit pour elle-même de ne pas fe montrer onéreufe au Tréfor-Royal. Les objets les plus effentiels au Gouvernement, la dette facrée de l'État, tout éprouvoit un retard forcé par les circonftances, & l'Adminiftration de l'Opéra ne craignoit pas d'offrir au Roi le réfultat d'un déficit effrayant dans la dépenfe d'une année. Mais

___

(1) Voyez la Note, page 9.

qu'oppofer à des ordres abfolus donnés au nom du Roi même ? On ne peut s'imaginer jufqu'à quel point ce nom facré étoit profané. Il n'eft point de détails de couliffes, fi minutieux qu'ils foient, dont la police ne fut exercée par ce grand mot: *Telle eft la volonté du Roi.* Le Public ne fe rappelle fûrement pas d'ouvrages donnés avec plus d'éclat qu'*Alexandre.* Quinze repréfentations furent le produit de ces pompeufes avances, &c. &c. Sans le fuccès de quelques autres ouvrages qui ont été mis avec autant de fimplicité que ceux dont nous venons de parler, ont entrainé de frais, nous ne favons pas trop comment on pourroit calculer les pertes de l'Opéra. En voilà affez fur cet article. Nous avons parlé d'appointemens inutiles. Nous ferions au défefpoir de faire ici une lifte de noms; mais fi on l'exigeoit, nous croyons pouvoir dire que la totalité préfenteroit une fomme de *cinquante mille livres* par an, dont l'inutilité feroit démontrée.

Cette digreffion, néceffaire à la juftification du Comité, nous a un peu éloignés de l'époque où nous avons dit que l'augmentation de

jeu des pertes annuelles de l'Opéra. Il étoit trop douloureux pour moi, après le facrifice entier & gratuit, que je faifois de mon tems, de ma liberté, & fouvent même de mes affaires, de n'éprouver que des tracafferies ; de ne voir annuellement que des pertes à la charge des finances du Roi, & les Sujets privés des bénéfices auxquels Sa Majefté avoit bien voulu les admettre, & qu'ils pouvoient naturellement efpérer, s'il y eut eu plus d'économie dans les dépenfes, & plus de bonne volonté pour le travail.

6°. Si l'on appelle abufer du nom facré du Roi, l'attention du Directeur à folliciter les Sujets de faire leur devoir & de fe conformer aux réglemens, que répondre à une pareille inculpation ?

7°. J'ai répondu, ci-devant, fur la mife de l'Opéra d'Alexandre aux Indes, de manière à prouver toute la mauvaife foi de l'Auteur du Mémoire juftificatif.

J'ai répondu, dans ce même paragraphe, à l'article des appointemens ; j'y ajouterai feulement que l'on auroit pu fe paffer de quelques fujets, fi les premiers, foit du Chant, foit de la Danfe, avoient voulu remplir plus exactement leurs devoirs vis-à-vis du Public, ainfi que je l'ai démontré dans le Précis, & fi certains Sujets n'en protégeoient pas d'autres par des raifons particulieres.

La mauvaife foi de l'Auteur & fon animofité perfonnelle contre M. Dauvergne, fe font voir tout à découvert dans ce paragraphe, en ofant même infulter au choix qu'il a plu au Roi de faire de ce Directeur, après le peu de succès de la gestion du sieur La Salle & des Sujets, pour le mettre à la tête de son Acadamie royale de Musique, dont les frais étoient devenus considérables, surtout pendant les années 1783 à 1784, 1784 à 1785.

Le loyer des Petites Loges à l'année étoit dans la salle incendiée, de 237394 l. 8 f. 10 den. Il s'est élevé successivement jusques & compris 1784 à 1785, derniere année de la gestion du sieur La Salle, à 283516 liv. 16 f. 9 d. Ainsi la progression que l'Auteur porte à 80000 l. pour faire probablement une somme plus ronde, n'est véritablement que de 46122 liv. 7 f. 11 den. mais cette augmentation n'en est pas moins un bénéfice à la chose, du aux soins & à l'intelligence des Employés chargés des locations, ainsi que celle qui a eu lieu depuis jusqu'à cette année, où la location des petites loges se trouve portée, en 1789 à 1790, à 474200 liv. ce qui fait, depuis la rentrée de M. Dauvergne, en 1785, une augmentation de 185456 liv.

On peut tirer encore une conclusion de ce rapprochement, c'est que si, comme le dit l'Auteur, l'on devoit aux sujets qui ont régi, sous le sieur La Salle, l'Opéra pendant trois années, l'accroissement réel de 46122 l. 7 f. 11 den., cela prouveroit au moins que la position actuelle de la salle provisoire, contre laquelle l'Auteur se déchaine si fort dans son libelle, n'a pas nui à cette partie de recette de l'Opéra.

Par l'article II. de l'arrêt du Conseil du 13 Mars 1784, contenant Réglement pour l'Académie Royale de Musique, & rendu du temps de la régie du sieur La

quatre-vingt *mille livres* que nous avons faite sur la location des loges à l'année, nous donnoit l'espoir de balancer au moins les recettes avec les dépenses. On y mit bon ordre, en excluant du Comité les Sujets co-partageans, tels que MM. Chéron, Lays, Rousseau, &c. pour y substituer des personnes qui n'ont & ne peuvent avoir aucun droit de partage dans les bénéfices, & conséquemment aucun intérêt à économiser. On rappella le sieur Dauvergne, qui, ainsi que nous l'avons déjà remarqué, avoit été présenté au précedent Ministre comme un homme absolument inutile. On a anéanti notre zèle & notre émulation ; nous avons été réduits à gémir sur les dépréda tions qui nous privoient de l'espoir d'améliorer notre fort par notre travail. On ne l'a que trop vu dans les détails de toutes les opérations vicieuses que nous venons de mettre sous les yeux du Public. Il s'en présente ici une toute nouvelle que nous ne devons pas passer sous silence. Elle a rapport au Spectacle des Variétés, qui, par l'avantage seul de son emplacement, porte nécessairement un grand préjudice aux premiers Spectacles de la Capitale.

Au commencement de cette année, on a envoyé au Comité une soumiffion des fieurs Gaillard & Dorfeuil, Entrepreneurs des Variétés, de payer *dix mille livres*, de plus, de redevance, par chaque année. A cette foumiffion étoit joint le modele de la délibération qu'il a fallu figner pour leur accorder un nouveau bail de vingt ans, à commencer de l'expiration de celui dont ils jouiffent, & qui a encore onze ans à courir ; ce qui fait trente-un ans. Quoique nous ayons vivement fenti combien cette délibération pouvoit avoir de fuites funeftes pour les intérêts de l'Adminiftration de l'Opéra, nous l'avons fignée, mais toujours par ordre fupérieur.

Nous ne pouvons trop le répéter ; notre fignature, il eft vrai, a fanctionné les trois quarts des abus que nous dénonçons dans ce Mémoire ; mais cette fignature forcée n'eft qu'une preuve de plus du defpotifme qui nous enchaînoit alors. Notre refus n'eût fait qu'offrir quelques victimes à l'autorité, fans empêcher aucune de fes opérations. Nous avons donc le droit de dénier tout ce qui s'eft fait dans une Adminiftration qui n'étoit pas la nôtre, & de réclamer, comme la feule que nous puiffions avouer, celle de 1780. Voici le compte que

Salle, il eft dit : „ Le Comité fera com- „ pofé d'un premier fujet du Chant, d'un „ premier Danfeur, de deux maîtres du „ Théâtre, du maître des Ballets, du „ maître de l'Orcheftre, &c.

Or le premier Acteur de l'Opéra étant à cette époque le fieur Lainez, l'on n'a point exclus les fieurs Chéron, Laïs & Rouffeau, du Comité, puifqu'ils n'avoient pas, à cette époque, le droit d'y entrer.

A l'égard du nouveau Traité fait avec l'Entrepreneur des Variétés, voici le fait : Les fieurs Dorfeuil & Gaillard ayant demandé à M. de Villedeuil, Miniftre de Paris, de vouloir bien leur accorder un nouveau Bail de vingt ans, ce Miniftre y mit la condition qu'ils payeroient 10000 liv. de plus, pendant ce nouveau Bail, & même pendant les onze années qui reftoient à courir de l'ancien. C'eft donc une opération avantageufe aux Finances du Roi d'avoir, par ce renouvellement, procuré, à l'Opéra, une anticipation de recette de 110000 livres. Il n'y a eu aucun ordre du Miniftre pour faire accepter au Comité cette foumiffion.

A l'égard de l'étalage pompeux que l'Auteur fait des ouvrages donnés en 1780 & 1781, c'eft moi-même qui ai envoyé aux Rédacteurs du Mercure & des Petites Affiches, la note du travail des Sujets pendant ladite année. L'autre citation eft fauffe ; car, pendant l'année derniere, il a été donné dix-fept Opéras différens, dont le Mercure & les Journaux ont rendu compte au mois d'Avril dernier.

Je crois avoir répondu d'une maniere

fatisfaifante à toutes les imputations du *Mémoire justificatif*. Les perfonnes qui liront cette Réponfe, & qui auront eu connoiffance du Précis fur l'adminiftration de l'Opéra, qui a paru, il y a deux mois, verront dans ces deux ouvrages la vérité dans le plus grand jour. Je laiffe à juger, d'après la difficulté, que j'ai démontrée, d'affurer, même dans l'état actuel des chofes, les plaifirs du Public, fi la fécurité fur le fervice feroit entiere en voyant l'adminiftration entre les mains de fujets intéreffés, à la vérité, à la réuffite de leur entreprife, mais que leurs divifions & des intérêts particuliers détacheroient bien-tôt de la commune fociété ; préfomption bien fondée, puifque dans ce moment même, où les Sujets font liés par leurs engagemens, & fubordonnés au Miniftre, plufieurs des premiers font allé en province, fans avoir demandé de permiffion ou de congé.

Pour moi mon but eft rempli, fi j'ai prouvé que dans ma place, j'ai mis le plus grand zéle à répondre à la confiance dont j'étois honoré, & fi malgré les contrariétés fans nombre que j'ai éprouvées, le Public veut juger, par ce que j'ai fait, de ce que j'aurois voulu faire pour rendre l'exécution de ce Spectacle auffi parfaite qu'elle pourroit l'être.

CONCLUSION.

L'OPÉRA, ainfi que je l'ai déja dit dans mon Précis, eft pour les connoiffeurs & les amateurs, le plus majeftueux & le plus étonnant des fpectacles. L'idée d'un femblable théâtre étoit

le *Mercure de France* en rendit alors, & nous y oppoferons celui de l'année dernière 1788 à 1789.

Avril 1781, N°. 16.

» Nous avons déja obfervé, (dit
» l'Auteur du Mercure,) qu'il eft
» plus difficile d'établir un ou-
» vrage fur ce Theâtre, que d'en
» mettre quatre fur un autre. D'a-
» près cette réflexion que nous ju-
» geons néceffaire de rappeller à
» nos lecteurs, on doit des éloges
» aux perfonnes qui conduifent les
» opérations de l'Académie royale
» de Mufique. On y a remis fix
» grands ouvrages, *Caftor & Pol-*
» *lux, Rolland, Alcefte, Iphigénie*
» *en Tauride*, du chevalier Gluck,
» *Iphigénie en Aulide* du même,
» *Echo & Narcisse*, & fix petits
» actes, qui font : *Bathile & Chloé,*
» *Philémon & Baucis, La Cour d'A-*
» *mour, Vertumne & Pomone, le*
» *Devin du Village, & Pigmalion.*
» Les pièces nouvelles font au
» nombre de fept ; trois grandes
» tragédies, *Andromaque, Perfée*
» & *Iphigénie en Tauride* de M.
» Piccini ; un Opéra-ballet en trois
» actes, *le Seigneur Bienfaifant*, &
» trois intermèdes en un acte ;
» *Laure & Pétrarque, Damete,*
» *Zulmis & Erixène.* Il faut ajou-
» ter à ce travail la remife des
Caprices

» *Caprices de Galatée*, de la *Cher-*
» *cheuse d'esprit* , & la *Fête de*
» *Mirza*. Nous ne parlons ni d'*Ar-*
» *mide*, ni de *Ninette à la Cour* ,
» ni de *Mirza*, parce que ces trois
» ouvrages étoient au courant du
» Répertoire. Il résulte de ce ta-
» bleau, que, tant en mise qu'en
» remise, l'Académie royale de
» Musique a donné au public vingt-
» deux ouvrages , chose presque
» incroyable, &c. »

Avril 1789, N°. 16.

» On a donné à ce Spectacle, dit
» l'auteur du Mercure, pendant
» l'année dramatique 1788 à 1789,
» les Opéras suivans : *Avire & Evé-*
» *lina* , tragédie en trois actes ;
» *Amphytrion*, en trois actes; *Dé-*
» *mophon*, de M. Marmontel, &
» *Aspasie*. &c. »

Le rapprochement de ces deux
articles n'a pas besoin de commen-
taire pour faire appercevoir jusqu'à quel point l'Administration
de l'Opéra est dégénérée depuis
1780, jusqu'à ce jour, où la liberté
de se plaindre est accordée à tous
les citoyens , & où l'espoir du re-
dressement des griefs anime toutes
les ames honnêtes. Nous osons
nous flatter d'être de ce nombre :
les talens & les mœurs ne font

digne de Louis XIV. Si des critiques
ignorans & insoucians sur le progrès des
beaux arts, n'y voyent qu'une dépense
déplacée, les personnes instruites, & qui
portent bien plus loin leurs vues politiques, y voyent l'établissement d'une
Académie qui réunit tous les arts & les
enchantemens de la Féerie, un Spectacle
enfin unique en Europe, lequel, attirant
en France une foule d'étrangers riches,
& les y fixant au moins pour un tems,
donne la vie à plusieurs branches de
consommations & de commerce, principalement utiles aux particuliers , à la
Ville de Paris , ainsi qu'aux finances de
l'Etat.

L'Opéra, par son essence, est à la vérité un spectacle dispendieux, vu sa magnificence & sa variété , qui ont nécessité
une augmentation indispensable dans le
nombre des Sujets , & conséquemment
des Habits, des Décorations, des Ouvriers
& autres accessoires ; mais l'on pense que
ce seroit peut-être une mauvaise spécula-
tion d'y beaucoup retrancher , dans l'es-
pérance de donner un grand avantage à
la Recette sur la Dépense. Il semble que
ce seroit s'éloigner du but qu'on se pro-
poseroit ; car les Spectateurs ne trouvant
plus la variété & les mêmes charmes à ce
Spectacle, qui surpasse les Fêtes les plus
brillantes que les autres Souverains de
l'Europe peuvent donner , & dont le

Public jouit trois ou quatre fois la femaine à Paris, avec le moins de frais poſſibles de ſa part, les Spectateurs, dis-je, s'en éloigneroient bientôt & principalement les étrangers, dont le ſéjour eſt tout à l'avantage de ce Théâtre, ainſi qu'à celui de l'Etat. L'Opéra peut donc être regardé comme un monument élevé à la gloire de la nation Françoiſe, & qu'il faut ſoutenir, même politiquement, par quelques ſacrifices; or ces ſacrifices n'ont pas excédé, ainſi que je l'ai prouvé, la ſomme d'environ ſoixante mille livres, année commune, depuis dix ans. Il ſemble que l'on parviendroit, ainſi que je l'ai déja dit, à prévenir ce déficit; 1°. par le retranchement de quelques Sujets, ſurtout dans le corps de la Danſe, ce qui produiroit une économie ſenſible dans cette partie. 2°. Par l'exécution ſtricte des réglemens, & plus de ſubordination des Sujets ſurtout, qui par leurs talens ſont faits pour donner l'exemple, en n'abandonnant pas trop légérement leurs rôles ou pas de danſe, dans les ouvrages nouveaux. 3°. Par la deſtruction de tous les abus tendans à augmenter, en pure perte, les dépenſes, & à nuire à la recette. 4°. En maintenant les priviléges & redevances en faveur de l'Académie Royale de Muſique, & ſans leſquels il eſt démontré qu'il eſt impoſſible que l'Opéra puiſſe exiſter. 5°. En pla-

pas incompatibles, & nous attendons, avec la plus grande confiance, qu'il nous ſoit fait juſtice. Elle ne ſera point trompée cette confiance. La vérité peut enfin ſe manifeſter, & ſous le miniſtère actuel, toute demande juſte eſt ſûre d'être accueillie.

Nous avons démontré, juſqu'à l'évidence, que les pertes annuelles de l'Opéra étoient la ſuite d'une multitude d'abus tellement révoltans, qu'il ſembleroit qu'en les introduiſant, on eût eu le projet combiné d'anéantir entiérement ce Spectacle. A meſure qu'on augmentoit ſes dépenſes, on prenoit à tâche de détruire toutes ſes reſſources. Le ſeul emplacement de la ſalle proviſoire devoit porter un coup mortel à ſes recettes, & lorſqu'après huit années de cette fâcheuſe expérience, notre vœu, ſecondé du deſir du public, nous reportoit au centre de la Capitale, dans l'endroit le plus brillant & le plus fréquenté, lieu où nous avions, pour ainſi dire, un droit héréditaire, puiſque notre Spectacle y eſt né, ceux qui, au nom du Roi, étoient chargés de veiller à ſa conſervation & à ſon plus grand luſtre, employoient toute leur autorité pour nous en éloigner. La convention dont nous avons parlé, qu’on nous a forcés de faire avec les Variétés, sembloit n’avoir pour but que de nous enlever toute possibilité de rentrer jamais dans cette terre natale, sans laquelle, sur-tout dans les circonstances présentes, il est peut-être impossible à l’Opéra de se soutenir, en le supposant même aussi bien administré qu’on voit qu’il l’a été mal jusqu’ici. Nous n’envisageons qu’avec effroi le peu de possibilité qui nous reste de revenir sur le passé, si le Roi, si la Municipalité, si le Public enfin ne daignent pas prendre intérêt à la renaissance d’un Spectacle qui a si long-temps fait la gloire de la nation, qui, considéré politiquement, a dû être regardé comme très-utile dans cette immense Capitale par les consommations de tous genres qu’il occasionne, & la quantité d’étrangers qu’il attire & fixe parmi nous.

Enfin, & pour la dernière fois nous le répétons, nous en prenons l’engagement à la face du Public, qu’on daigne se confier à nos soins & à notre zèle, & nous rendrons à Paris le premier de ses Spectacles, dont de si longs & de si funestes abus sembloient devoir entraîner la ruine. Plus que tous autres intéressés à tenir nos pro-

çant, lorsque les circonstances le permettront, ce Spectacle que la Nation, & surtout la Ville de Paris a tant d’intérêt de conserver, le plus près possible du centre de la Capitale, & à portée des différens quartiers qui peuvent l’alimenter, à la proximité des habitations ordinaires des Etrangers que la curiosité & les plaisirs attirent dans cette Ville, & de maniere enfin que les personnes à pied puissent y arriver facilement & sans danger. La place du Carrousel présente, mieux que toute autre, la facilité de construire un monument digne de la Capitale; il existe même à cet égard des projets qui en faciliteroient l’exécution sans être à charge au Gouvernement. 6°. Enfin en déchargeant, s’il est possible, l’Opéra de la redevance onéreuse de 72000 livres qu’il paye aux Hôpitaux, puisqu’il est prouvé que si, depuis dix ans, cette imposition n’avoit pas été payée, alors la recette eut plus que suffi à ses dépenses. Peut-être paroîtra-t-il déraisonnable que les Hôpitaux retirent un bénéfice d’une Administration presque toujours en perte, tandis que cette même Administration, en concédant une partie de ses priviléges à divers Spectacles, qui se sont établis en conséquence à Paris, depuis dix ans, a doublé au moins les revenus des Hôpitaux sur cette partie. Si ces différens moyens que l’on indique se réalisoient, alors l'on pourroit espérer que l'Opéra pourroit non-seulement se suffire à lui-même, mais qu'il pourroit encore produire quelques bénéfices au profit des Sujets. Il ne seroit cependant pas prudent de calculer sur des bénéfices constans pour chaque année, puisque malgré toutes les précautions prises pour faire fructifier les recettes & diminuer les dépenses, il pourroit arriver que les plus sages arrangemens se trouveroient déchus par des circonstances malheureuses, soit d'intempérie de saisons, ou de chûtes d'ouvrages sur lesquelles on auroit pu raisonnablement compter, & qui auroient occasionné des dépenses considérables, soit par des maladies graves, ou par l'absence des principaux Sujets essentiels aux plaisirs du Public, & surtout enfin par l'absence des Etrangers, si l'on ne cherchoit pas à faire quelquefois, à l'exemple de Colbert, des dépenses, même extraordinaires, pour exciter leur curiosité.

DE LA FERTÉ, l'un des Commissaires généraux de la Maison du Roi.

messes, il n'est point de moyens d'activité, point de travaux pénibles que nous n'employions pour justifier la confiance dont le Ministre & la Municipalité nous auront honorés, & mériter de plus en plus les bontés du Public à qui nous avons consacré des talens qui font son ouvrage, que son goût a fait éclore, & que sa critique éclairée peut seule développer & conduire à leur perfection.

Signé LAINEZ, LAYS, ROUSSEAU, GARDEL, VESTRIS, NIVELON, REY, DE LA SUZE. *Tous associés avec M Chéron, & réunis aux autres Sujets de l'Opéra, représentés par les Commissaires soussignés.*

CAVAILHÈS, LE GRAND, REY minor, LE BRUN, Commissaires du Chant.

FAVRE, LE BEL, DUCEL, ABRAHAM, Commissaires de la Danse.

ROCHEFORT, SALLANTIN, l'aîné, FROMENT, LUMIERE, Commissaires de l'Orchestre.

PIÈCES JUSTIFICATIVES.

[N°. 1er.]

ARRÊT DU CONSEIL D'ÉTAT DU ROI,

CONCERNANT L'OPÉRA.

Du 17 Mars 1780.

Extrait des Régiſtres du Conſeil d'État.

LE ROI s'étant fait repréſenter le réſultat des comptes de l'Académie royale de Muſique, depuis que le Privilége & l'Adminiſtration en ont été rendus au Corps de ſa bonne ville de Paris, Sa Majeſté a vu avec peine que la dépenſe excédoit de beaucoup la recette : Et conſidérant que le produit des octrois qu'Elle a bien voulu accorder à cette Ville, ſont payés indiſtinctement par tous ſes habitans, & deſtinés à des dépenſes néceſſaires ou d'une utilité générale, Sa Majeſté ne ſauroit approuver qu'une partie de ce produit ſerve à ſubvenir aux frais des amuſemens de la claſſe la plus aiſée. Perſuadée d'ailleurs que l'Opéra doit trouver dans ſes propres fonds de quoi pourvoir à toutes ſes dépenſes, Sa Majeſté a deſiré qu'on s'occupât des moyens d'établir cette balance, ſans nuire cependant, par une économie mal entendue, à l'éclat d'un Spectacle, qui, en contribuant à l'embelliſſement & aux plaiſirs de la Capitale, y attire les étrangers, & dont le ſuccès intéreſſe encore le progrès des arts, & la perfection du goût & de l'induſtrie.

C'eſt pour remplir les vues de Sa Majeſté, qu'il lui a été propoſé un plan pour réunir le ſervice & les dépenſes des Spectacles de la Cour, avec le ſervice de l'Opéra ; ce qui, en évitant un double emploi trés-diſpendieux, d'habits, de décorations & de magaſins, procureroit une économie trés-ſenſible dès-à-préſent, & une plus conſidérable encore à l'avenir par les arrangemens d'ordre qui feront l'effet de ces premières diſpoſitions.

Sa Majesté pourvoira, des fonds de ses Menus-plaisirs, aux dépenses des Spectacles de la Cour, soit par un abonnement, soit de toute autre manière qui sera jugée plus équitable : Et cependant pour éviter encore plus sûrement que, malgré tous ces différens soins, l'Opéra ne contracte des dettes, & ne devienne à charge au Trésor-royal, Sa Majesté a déterminé que le prix des places du Parterre, depuis long-temps à quarante sous, seroit porté à quarante-huit sous. Cette augmentation, déjà autorisée par celles des petites loges, n'est que dans une foible proportion avec l'accroissement de valeur de tous les objets de subsistance & de commerce.

La réunion du service des Spectacles de la Cour à celui de l'Opéra, exigeant une nouvelle forme d'administration dont la ville de Paris ne peut plus être chargée, le Roi a senti la nécessité de retirer de ses mains le privilége qu'elle exerçoit : En même temps Sa Majesté n'a pas cru devoir le céder à aucun particulier par forme d'entreprise, non-seulement à cause des embarras & des difficultés que ce genre de manutention a fait naître, lorsqu'en différens temps on en a fait l'épreuve, mais encore parce que la liberté d'employer à l'usage de l'Opéra, les habits & les décorations du fonds des Menus-plaisirs, donneroit à l'Entrepreneur un avantage momentané très-considérable, & dont la compensation seroit difficile à fixer & à répartir avec sûreté sur toutes les années du bail. Mais Sa Majesté en renonçant, du moins pour un temps, à la forme d'entreprise, a approuvé les vues qui lui ont été présentées pour associer aux succès & aux bénéfices d'une administration nouvelle, les Directeurs & les principaux sujets de l'Académie royale de Musique, afin d'exciter ainsi de plus en plus leur zèle & leur activité.

Enfin, Sa Majesté en maintenant le Secrétaire d'État ayant le département de Paris, dans toute l'autorité qu'il a constamment exercée sur cette Académie, a déterminé que les comptes de recette & dépense de l'Opéra de Paris, seroient communiqués & remis par *duplicata* à l'Administrateur général de ses Finances. A quoi voulant pourvoir : Ouï le rapport ; LE ROI ÉTANT EN SON CONSEIL, a ordonné & ordonne ce qui suit :

ARTICLE PREMIER.

A compter du 1er Avril prochain, la concession du privilége de l'Opéra, faite à la Ville de Paris, cessera ; & les dettes contractées par l'Académie

royale de Mufique, jufqu'à ladite époque, feront acquittées par ladite
Ville, comme étant contractées pendant la durée de fon privilége & de
fon adminiftration.

ART. II. Les Penfions d'Auteurs, Compofiteurs, Directeurs & autres
perfonnes employées par ladite Académie, qui font actuellement payées
par la Ville de Paris, continueront à l'être de la même maniere ; & toutes
les extinctions tourneront à fon profit, fans que, fous aucun prétexte, on
puiffe lui demander pour la manutention future de l'Opéra, aucun fup-
plément de fonds, auxquels Sa Majefté pourvoira, fi befoin eft.

ART. III. Tous les habits de Théâtre, toutes les décorations, ainfi que
tous les autres objets qui pourront fervir à l'Académie royale de Mufique,
& qui font actuellement dans les magafins des Menus-plaifirs du Roi,
feront remis à l'Académie royale de Mufique ; à la charge par elle de faire
le fervice de la Cour pour telles rétributions qui feront trouvées juftes : &
ladite Académie pourra pareillement fe fervir de l'hôtel des Menus, foit
pour des magafins, foit pour une école, ou des répétitions, fi long-tems
qu'il n'en fera pas fait d'autre difpofition par Sa Majefté.

ART. IV. Ladite Académie royale de Mufique demeurera, comme elle
l'eft depuis fon inftitution, fousles ordres immédiats du Secrétaire d'Etat
ayant le département de la Ville de Paris, qui en confiera, fous lui, l'adminiftration à telle perfonne qu'il jugera à propos de propofer à Sa Majefté.

ART. V. Le Roi a nommé pour Directeur général de ladite Académie,
le fieur Leberton, pour la gouverner avec pleine & entière autorité, fous
les ordres du Secrétaire d'Etat, & l'infpection de la perfonne qu'il aura
choifie pour le repréfenter.

ART. VI. Il fera inceffamment préfenté à Sa Majefté, un réglement
pour accorder aux Directeurs & aux principaux fujets de l'Opéra, un
intérêt dans le produit des recettes & des économies.

ART. VII. ENTEND Sa Majefté, que le caiffier fourniffe caution fuf-
fifante pour la fûreté des deniers de la recette ; & qu'à l'égard des four-

nitures à faire en marchandifes, elles foient déformais faites au rabais
pour les marchandifes fufceptibles de concurrence.

ART. VIII. SA MAJESTÉ ne voulant pas qu'il foit contracté de dettes,
ordonne que les achats & fournitures foient payés comptant, auffitôt après
l'arrêté des mémoires.

ART. IX. LE prix des places du Parterre & du Paradis, fera de *Quarante-huit fols* à l'avenir.

ART. X. LE ROI autorife le Secrétaire d'Etat, ayant le département
de Paris, à lui préfenter les nouveaux ftatuts & réglemens qu'il jugera
néceffaires pour l'adminiftration de ladite Académie; auxquels, après
qu'ils auront été approuvés par Sa Majefté, les Directeurs, Compofiteurs, Acteurs & autres Employés, feront tenus de fe conformer : Voulant en outre Sa Majefté, que dans tous les cas qui n'auront pas été prévus, les décifions du Secrétaire d'Etat, & les ordres provifoires de fon
repréfentant, foient exécutés, comme s'ils étoient émanés de fa propre
perfonne.

ART. XI. VEUT Sa Majefté que les états de recettes & de dépenfes,
foient communiqués & remis par *duplicata* au Directeur général de fes
finances, ainfi que le compte général qui fera fait tous les ans à la
clôture du théâtre.

FAIT au Confeil d'Etat du Roi, Sa Majefté y étant, tenu à Verfailles
le dix-fept mars mil fept cent quatre-vingt. *Signé* AMELOT,

ETAT

[N.º 2.]

É T A T du nombre de fois que les premiers Sujets du Chant & de la Danse, actuellement à l'Opéra, ont chanté & dansé, pendant les années où il y avoit des Feux, & le Service qu'ils ont fait depuis la suppression desdits feux, lesquels ont été remplacés par des appointemens plus forts.
S A V O I R :

NOMS DES SUJETS du Chant.	LORS DES FEUX.				DEPUIS LA SUPPRESSION DES FEUX.				
	1780.	1781.	1782.	1783.	1784.	1785.	1786.	1787.	1788.
Messieurs.									
Lainez..........	129	104	141	97	60	69	45	46	48
Chéron..........	....	95	93	156	104	83	34	57	67
Lays..........	....	65	166	127	78	35	54	63	73
Rousseau..........	....	....	121	115	95	49	53	69	72
Chardiny	....	....	....	134	113	149	92	94	73
Châteaufort........	....	....	....	....	....	....	114	70	47
Adrien..........	....	....	....	....	....	....	....	....	53
Martin..........	....	....	....	....	78	135	118	76	76
Le Brun..........	....	....	....	....	....	....	....	....	19
Lefevre..........	....	....	....	....	....	....	....	....	64
Renaud..........	....	....	....	....	....	....	....	....	20
Mesdemoiselles.									
Saint-Huberty.....	79	66	110	49	57	36	46	30	41
Maillard..........	....	....	....	76	54	64	51	56	47
Buret..........	....	....	15	65	11	29	48	38	58
Gavaudan, cadette.	....	....	....	....	91	44	61	74	54
Joinville..........	....	....	96	63	54	67	61	58	21
Chéron..........	....	....	....	....	....	35	31	17	41

NOMS DES SUJETS de la Danse	LORS DES FEUX.				DEPUIS LA SUPPRESSION DES FEUX.				
	1780.	1781.	1782.	1783.	1784.	1785.	1786.	1787.	1788.
Messieurs.									
Gardel............	48	32	54	102	100	39	52	72	54
Vestris..........	86	60	111	56	57	69	48	52	49
Nivelon..........	107	31	59	130	44	42	53	74	81
Favre............	105	105	131	122	107	97	42	57	76
Laurent..........	....	....	....	....	89	92	44	73	48
Frederick........	....	....	....	....	63	....	63	59	64
Mesdemoiselles.									
Saulnier.........	....	....	....	....	....	68	65	87	31
Pérignon.........	....	55	161	139	33	86	46	55	73
Rose.............	....	....	....	....	....	....	....	48	79
Miller...........	....	....	....	....	....	....	48	97	119
Déligny..........	....	....	....	....	126	33	105	92	64
Coulon...........	....	....	....	....	....	132	80	37	85
Hiligsberg.......	....	....	....	....	73	114	105	40	75
Laure............	....	....	....	....	....	....	....	18	11

RÉSULTAT.

Le sieur Lainez avoit pour appointemens en 1780... 3000# ⎫

Ses feux, pour 129 représentations, ont monté à... 2820 ⎬ 7350#

Son partage, dans les bénéfices de cette année, lui a produit.. 1530 ⎭

L'année 1781, où il a chanté 104 fois, n'ayant pas eu de partage, ne lui a valu que...................... 5472

L'année 1782, où il a chanté 141 fois, lui a donné... 6636

& dans la même proportion pour l'année suivante ; mais le Roi, pour encourager les premiers Sujets, & bonifier leur sort, ayant jugé à propos de fupprimer les feux en 1784, & d'accorder aux premiers Sujets, un traitement fixe de 9000 liv. indépendamment du partage dans les bénéfices, s'ils avoient lieu, par leur économie & leur travail. L'on voit, par le tableau ci-deffus, que, contens de leur traitement fixe, ils ont alors moins joué ; d'où il eft réfulté, par exemple, que le fieur Lainez n'ayant chanté en 1788 que 48 fois, il fe trouve avoir été payé fur le pied de 187 liv. 10 f. par repréfentation, & plus cher dans les années où il a moins joué. Ce feul exemple fuffit, pour prouver que les feconds Sujets du Chant, jouiffant des feux, avoient un traitement bien moins confidérable (quoiqu'ils fiffent un travail beaucoup plus affidu) que celui qui leur a été accordé en 1784.

Il en eft de même des premiers Sujets de la Danfe.

Le fieur Veftris, fils, en 1780, a touché, tant en appointemens qu'en feux, pour avoir danfé 86 fois, & par fon partage dans les bénéfices. . . . . 5772^{ff}
En 1781, pour 60 fois. 4080
En 1782, pour 111 fois. 4962

Depuis l'année 1784, les appointemens des premiers Danfeurs ayant été fixés à 7000 livres, il en eft réfulté les mêmes effets pour les Sujets du Chant ; ainfi le fieur Veftris, en 1788, n'ayant danfé que 49 fois, a été payé fur le pied de 129 liv. 12 f. par chaque fois.

Les autres Sujets de la Danfe, dans la même proportion ; car, par exemple, le fieur Lays n'ayant chanté en 1785, que 35 fois, il fe trouve avoir été payé dans cette année, fur le pied de 255 liv. par repréfentation.

[N.º 3.]

BORDEREAUX

DES

RECETTES ET DÉPENSES,

depuis Pâques 1780, jusqu'à Pâques 1788,

AVEC LES PRODUITS DE CHAQUE OPÉRA,

Tels qu'ils ont été formés d'après les comptes de Recettes & de Dépenses, arrêtés chaque mois sur Pièces justificatives par le Comité, & dont il a été formé ensuite le compte général arrêté chaque année par le Roi; le tout, conforme aux Régistres tenus à l'Académie Royale de Musique, & dont il sera fait incessamment, par le Comité & en présence des Sujets, une révision générale, appuyée de tous les Mémoires & Pièces justificatives.

ANNÉE 1780.

ANNÉE 1780.

Directeurs : M. LE BRETON, pendant un mois ou environ ;
enfuite M. DAUVERGNE avec le Comité.

RECETTES GÉNÉRALES.

Recette à la porte.	485077^{tt} 7ʃ d.
Loges à l'année.	237394 8 10
Abonnements	2720
Recettes aux Bals.	65831
Comédie Italienne.	30000
Concert Spirituel.	1404 14 8
Loyers du Café & des Boutiques.	3950
Waux-hall d'hiver.	600
Ventes des Poëmes.	2692 8
Spectacles forains	12442
Remifes des Fourniffeurs.	12130 17 3
Préfences de Sa Majefté, la Reine.	1200
TOTAL de la Recette générale.	**855442 15 9**

ANNÉE 1780.

DÉPENSE ORDINAIRE.

Appointements du Directeur, Acteurs, Danfeurs & Symphoniftes.	282577^{tt} 8ſ.11d.
Appointements des Employés & Prépofés.	30100
Feux ou Jetons.	37476
Quart des Pauvres.	72000
Garde militaire.	6624
Huile, Chandelle & Bougie.	30616 11 6
Semaines des Ouvriers du Théâtre.	33417 10
Semaines des Tailleurs.	27355 3
Affiches.	2220
TOTAL de la Dépenfe ordinaire.	**522386 13 5**

ANNÉE 1780.

DÉPENSE EXTRAORDINAIRE.

	l.	s.	d.
Honoraires d'Auteurs	36317		
Étoffes de soie	42538	11	8
Merceries.	15874	8	10
Gazes, Crêpes & Blondes	11443	3	11
Dorure.	10512	12	10
Broderies	2112	15	
Fleurs artificielles.	3547	10	6
Lacets.	1140	9	
Gants.	3360	10	
Bas.	6234	19	
Souliers.	4894	10	
Chapeaux.	290	14	
Masques & Cabochons.	334	1	
Blanchissage & découpages de Gazes.	2106		9
Rouge & Pommade.	2113	14	
Impression des Poëmes.	4259	1	
Copies de Musique	9470	9	
Serrurerie.	5259	13	
Ferblanterie.	1936	16	6
Jetons d'argent.	4974	18	3
Marchés à l'année	4200		
Dépenses pour les Décorations	9966	13	6
Peintures & Sculptures	17671		
Couleurs pour les Décorations	2099	18	
Peintures sur les Étoffes, Dégraissage & teintures.	1097	13	4
Lycopode, Esprit-de-vin & Artifice.	2162	3	6
Journées des Garçons de l'atelier des Peintres. . . .	1312	10	
Constructions au Théâtre & au Magasin.	5930	10	3
	213162	6	10

ANNÉE 1780.

Suite de la DÉPENSE EXTRAORDINAIRE. 213162*tt* 6*s* 10*d*

Dépenses extraordinaires du magafin.........	11799	15	5
Fournitures des Bureaux..................	1256	6	
Soldats compars........................	9551		
Sérénade des Tuileries.	592	9	
Gratifications & Appointemens extraordinaires.	20472	13	4
Frais des Bals.........................	19188	10	
Honoraires des Sergens-Adjudans..........,	1000		
Chauffage.............................	6457	8	
Penfions.............................	2000		
Plumes extraordinaires..................	903	10	
Étrennes..............................	1639		
Raccomodage d'Inftrumens................	542		
Ouvrages faits au tour..................	1192	10	
Nattes & Paillaffons....................	262	18	
Corps piqués & Paniers de femme..........	1806		
Ébénifte & Tapiffier....................	452		
Marchandifes au comptant................	2847	15	

TOTAL de la Dépenfe extraordinaire.. 295126 1 7

RÉSULTAT de la Recette & de la Dépenfe.

RECETTE GÉNÉRALE..... 855442*l* 15*s* 9*d*

DÉPENSE.

Dépenfe ordinaire.. 522386 13 5*d* ⎫
Dépenfe extraord.*re* 295126 1 7 ⎬ 817512 15
 ⎭

BÉNÉFICE... 37930 9*d*

PRODUIT DE CHAQUE OPÉRA,
pendant l'Année de 1780 à 1781.

		livres	s	d
8	Repréſentations d'Atys.	25209	15	
13	*dites* d'Armide.	38449	6	
21	*dites* des Fragmens.	41967	10	
11	*dites* de Caſtor & Pollux.	41711	4	
21	*dites* d'Andromaque.	52520	14	
7	*dites* d'Iphigénie en Aulide.	17833	16	
9	*dites* d'Écho & Narciſſe.	12948	16	
21	*dites* de Rolland.	41712	4	
8	*dites* de Perſée.	25743	6	
9	*dites* d'Alceſte.	23708	16	
27	*dites* du Seigneur Bienfaiſant.	95517	10	
17	*dites* d'Iphigénie en Tauride, de M. Piccini.	59860	8	
1	*dite* de la Fête de Mirza.	5180	16	
1	*dite* d'Iphigénie en Tauride, de Gluck.	2714	2	
		485078	**3**	

ANNÉE 1781 à 1782.

Direction de M. DAUVERGNE & du Comité.

RECETTES GÉNÉRALES.

Recette à la porte.	285559^{tt}10^s		d.
Loges à l'année	173216	3	10
Abonnements	520		
Recettes aux Bals	45309	10	
Concert des Tuileries	14910		
Comédie Italienne	30000		
Concert Spirituel	5361	5	10
Loyers du Café & des Boutiques	1750		
Waux-hall d'hiver	900		
Vente des Poëmes	761	8	
Spectacles forains	35256		
Remises des Fournisseurs.	750	6	3
Présence de Sa Majesté, la Reine	480		
Recettes du Tréfor Royal	190729	18	3
TOTAL de la Recette générale	785504	2	2

ANNÉE 1781 à 1782.

DÉPENSE ORDINAIRE.

Appointements du Directeur, Acteurs, Danseurs & Symphonistes	269037^{tt}10^s		d.
Appointements des Employés & Préposés	36783	6	8
Feux ou Jettons	22326		
Quart des Pauvres	72000		
Garde militaire	7903	10	
Huile, Chandelle & Bougie	32980	7	
Semaines des Ouvriers du Théâtre	36434	2	7
Semaines des Tailleurs	23375	19	6
Affiches	2260	10	
TOTAL de la Dépense ordinaire	503101	5	9

ANNÉE 1781 à 1782.

DÉPENSE EXTRAORDINAIRE.

Honoraires d'Auteurs	21753 ₶	6 ſ.	8 d.
Étoffes de ſoie	18293	14	6
Merceries	35703	14	7
Gazes, Crêpes & Blondes	25959	4	3
Dorure	10067	13	2
Broderies	2193	10	3
Fleurs artificielles	4102	12	
Gants	2593	17	6
Bas	7912		
Souliers	5575		
Chapeaux	339		
Maſques & Cabochons	875	10	
Blanchiſſage & découpages de Gazes	2430	2	
Rouge & Pommade	1534	8	
Impreſſion des Poëmes	2860	10	
Copies de Muſique	12964	12	
Serrurerie	1011	6	
Ferblanterie	3044	16	
Jettons d'argent	1630	11	
Marchés à l'année	4300		
Dépenſes pour les Décorations	16549	11	8
Peintures & Sculptures	29272	12	
Couleurs pour les Décorations	5396	19	
Peintures ſur les Étoffes, Dégraiſſage & teintures	601		6
Lycopode, Eſprit-de-vin & Artifice	1551		
Journées des Garçons de l'âtelier des Peintres	147		
Conſtructions au Théâtre & au Magaſin	983	1	6
Dépenſes extraordinaires du Magaſin	5917	15	8
	225564	8	3

ANNÉE 1781 à 1782.

Suite de la DÉPENSE EXTRAORDINAIRE. 225564ᵗᵗ 8ʃ 3ᵈ

	l.	ʃ.	d.
Fournitures des Bureaux..................	1862		6
Soldats compars...........................	7091		
Sérénade des Tuileries.	610		
Gratifications & Appointemens extraordinaires.	30736		
Frais des Bals...........................	19484	1	6
Honoraires des Sergens-Adjudans..........	1000		
Chauffage...............................	10183	6	6
Penfions................................	20950		
Plumes extraordinaires...................	238		
Étrennes................................	1637		
Raccomodage d'Inftrumens................	2261	14	
Ouvrages faits au tour...................	852	16	
Nattes & Paillaffons.....................	82	10	
Poëlier & Fumifte.......................	1905	6	·6
Ouvrages d'ofier	563	7	
Quincaillerie	185	16	
Corps piqués & Paniers de femme..........	2055	10	
Gardes des Pompiers	2004	5	
Uftenciles du Théâtre....................	1326	13	
Garde de Paris..........................	683		
Marchandifes au comptant................	684		

TOTAL de la Dépenfe extraordinaire.. 331960   14   3

RÉSULTAT *de la Recette & de la Dépenfe de l'année 1781 à 1782.*

	l.	ʃ.	d.
La Dépenfe générale étant de.........	835062		
La Recette générale n'étant que de..	785504	2	2
Le Déficit eft de........	49557	17	10

PRODUIT DE CHAQUE OPÉRA,
pendant l'Année de 1781 à 1782.

4 Repréſentations d'Andromaque............	9530	18ſ ᵈ
3 *dites* d'Iphigénie en Tauride, de Gluck...	9147	2
4 *dites* d'Iphigénie, de M. Piccini. . ~.. . ..	8523	2
4 *dites* d'Orphée.	10570	
3 *dites* Des Fragmens de l'Acte de Théodore & de Myrtil	3426	
2 *dites* du Devin du Village, de Mirtil & Lycoris.	4063	10
7 *dites* de l'Inconnu perſécutée	11751	
12 *dites* d'Adèle de Ponthieu.,............	30402	6
22 *dites* du Seigneur Bienfaiſant...........	56111	6
11 *dites* d'Écho & Narciſſe...........	15590	14
17 *dites* d'Iphigénie en Aulide...........	40610	6
25 *dites* de Colinette à la Cour............	59844	14 .
6 *dites* de Théſée..................	26078	12
120 Repréſentations.	285559	10

ANNÉE 1782 à 1783,

RÉGIE par les Sujets du Comité uniquement,
(M. DAUVERGNE s'étant retiré).

RECETTES GÉNÉRALES.

Recette à la porte.	472212*tt*	*ſ*	*d*.
Loges à l'année	223817	10	8
Abonnemens	792	10	
Recettes aux Bals.	73807	14	
Comédie Italienne.	30000		
Concert Spirituel	2894	12	
Loyers du Café & des Boutiques	2525		
Waux-hall d'hiver.	600		
Vente des Poëmes.	847		
Spectacles forains	42372		
Remifes des Fournifleurs.	1586		
Préfences de Sa Majefté, la Reine	4685		
TOTAL des Recettes générales	**856139**	**6**	**8**

ANNÉE 1782 à 1783.

DÉPENSE ORDINAIRE.

Appointemens du Directeur, Acteurs, Danfeurs & Symphoniftes	282275*tt*	*ſ*	*d*.
Appointemens des Employés & Prépofés	41916	13	4
Feux ou Jettons	38586		
Quart des Pauvres.	72000		
Garde militaire.	13964	12	6
Huile, Chandelle & Bougie	44186	16	6
Semaines des Ouvriers du Théâtre.	38817	18	8
Semaines des Tailleurs	28460	9	3
Affiches	2766		
TOTAL de la Dépenfe ordinaire	**562973**	**10**	**3**

ANNÉE 1782 à 1783.

DÉPENSE EXTRAORDINAIRE.

	39960ₜₜ ſ.	d	
Honoraires d'Auteurs	39960ᵗᵗ	ſ.	d
Étoffes de soie	20263	13	6
Merceries	24868	13	10
Gazes, Crêpes & Blondes	17379	19	2
Dorures	5239	2	6
Broderies	874	13	
Fleurs artificielles	3311	1	
Lacets	1460	17	
Gants	4113	14	
Bas	6957	10	
Souliers	8410	10	
Chapeaux	426	14	
Masques & Cabochons	482	8	
Blanchissage & découpages de Gazes	2220	19	
Rouge & Pommade	3113	8	
Impression des Poëmes	6756	10	6
Copies de Musique	14958		
Serrurerie	295	10	
Ferblanterie	1585	14	
Jettons d'argent	4511	8	
Marchés à l'année	4360		
Dépenses pour les Décorations	6629	1	
Peintures & Sculptures	15299	10	
Couleurs pour les Décorations	2417	7	
Peintures sur les Étoffes, Dégraissage & teintures	186	14	
Lycopode, Esprit-de-vin & Artifice	2900		
Journées des Garçons de l'atelier des Peintres	1269	12	6
Constructions au Théâtre & au Magasin	3265	2	9
	204517	12	9

ANNÉE 1782 à 1783.

Suite de la DÉPENSE EXTRAORDINAIRE. 204517ᵗᵗ 12ˢ 9ᵈ

	lt.	s.	d.
Dépenfes extraordinaires du Magafin.	8836	4	
Fournitures des Bureaux..................	1549	9	
Soldats compars.....................	12648		
Sérénade des Tuileries.	855	18	
Gratifications & Appointemens extraordinaires.	23666	15	4
Frais des Bals.....................	19723	7	4
Honoraires des Sergens-Adjudans..........	1000		
Chauffage......................	10446	3	
Penfions.....................	36300		
Plumes extraordinaires..................	140		
Étrennes.....................	1618		
Raccomodage d'Inftrumens...............	521		
Ouvrages faits au tour.................	745	6	
Plombier.....................	137		
Ouvrages d'ofier	400	2	
Quincaillerie	1880	11	
Corps piqués & Paniers de femme..........	2162		
Gardes des Pompiers	3606	5	
Uftenciles du Théâtre.................	528	2	
Garde de Paris.	517	10	
Luftrerie.....................	1046	9	
Nettoyement des boues................	600		
Perruquier.....................	835		
Ebénifte & Tapiffier.................	608	9	
Marchandifes au comptant...............	12305	17	6

TOTAL de la Dépenfe extraordinaire.. 347195   11

RÉCAPITULATION.

Dépenſe ordinaire. . . . . 562973 ˡ· 10 ſ· 3 ᵈ·
Dépenſe extraordinaire.. . . . . 347195 . 11
Dépenſe générale de l'année 1782 à 1783. . . . . . . 910168 11 2

RÉSULTAT de la Recette & de la Dépenſe de l'année 1782 à 1783.

La Dépenſe générale étant de . . . . 910168ˡ· 11ſ· 2ᵈ·
La Recette générale n'étant que de 856139 6 8
Le Déficit eſt de. 54029 4 6

PRODUIT de chaque OPÉRA, pendant l'année 1782 à 1783.

6 Repréſentations de l'Inconnue perſécutée...	12808ᵗᵗ 14ſ ᵈ
14 *dites* de Caſtor & Pollux	57170 6
11 *dites* d'Électre, & le Ballet de la Chercheuſe d'Eſprit	27358 8
13 *dites* de la Reine de Golconde	27360 10
29 *dites* d'Iphigénie en Tauride, de Gluck, & le Devin du Village	66574 8
20 *dites* de Colinette à la Cour, & d'Apollon & Coronis.	42377 10
10 *dites* de Théſée.	26165
1 *dite* du Seigneur Bienfaiſant, en 3 actes...	2394 10
11 *dites* de Rolland.	25634 8
3 *dites* Des Fragmens	8419 8
15 *dites* de l'Embarras des Richeſſes.	41586 14
14 *dites* du Seigneur Bienfaiſant, remis en 4 act.	44079 6
6 *dites* d'Iphigénie en Aulide, & le Devin du Village.	20734
11 *dites* d'Atys	34665 12
8 *dites* de Renaud.	34883 6
172 Repréſentations.	472212

ANNÉE 1783 à 1784,

RÉGIE par les Sujets du Comité uniquement,

RECETTES GÉNÉRALES.

Recette à la porte.	443034^{tt} 14^s d.
Loges à l'année	260518 2 2
Abonnemens	360
Recettes aux Bals	42252
Comédie Italienne	30000
Concert Spirituel	4368 9 5
Loyers du Café & des Boutiques	3000
Waux-hall d'hiver	600
Spectacles forains	40968
Présences de Sa Majesté, la Reine	960
TOTAL des Recettes générales . . .	**826061 5 7**

ANNÉE 1783 à 1784.

DÉPENSE ORDINAIRE.

Appointemens du Directeur, Acteurs, Danseurs & Symphonistes	275953^{tt} 6^s 8^d
Appointemens des Employés & Préposés	40766 13 4
Feux ou Jettons	38598
Quart des Pauvres	72000
Garde militaire	11676 15
Huile, Chandelle & Bougie	32922 17
Semaines des Ouvriers du Théâtre	36807 17 7
Semaines des Tailleurs	30646 2 6
Affiches	2328
TOTAL de la Dépense ordinaire	**541699 12 1**

H

ANNÉE 1783 à 1784.

DÉPENSE EXTRAORDINAIRE,

	#tt	ſ	d.
Honoraires d'Auteurs	55896		
Étoffes de ſoie	23793	19	1
Merceries	38980	17	5
Gazes, Crêpes & Blondes	17003	5	
Dorures	8612	11	1
Broderies	2001	15	
Fleurs artificielles	2187	17	
Lacets	646	4	
Gants	2170	10	
Bas	6215		
Souliers	7530	16	
Chapeaux	152	12	
Maſques & Cabochons	484	15	
Blanchiſſage & découpage de Gazes	1451	17	
Rouge & Pommade	1464		
Impreſſion des Poëmes	3160	10	
Copies de Muſique	13701	17	
Serrurerie	13564	5	
Ferblanterie	3670	1	
Jettons d'argent	3544		
Marchés à l'année	22711	10	
Dépenſes pour les Décorations	9822	19	
Peintures & Sculptures	19641	2	
Couleurs pour les Décorations	2252	11	
Peintures ſur les Étoffes, Dégraiſſage & teintures	806	12	
Lycopode, Eſprit-de-vin & Artifice	2587	7	
Journées des Garçons de l'âtelier des Peintres	948		
Conſtructions au Théâtre & au Magaſin	2885	6	
	267887	18	7

ANNÉE 1783 à 1784.

Suite de la DÉPENSE EXTRAORDINAIRE. 267887 tt 18 s 7 d

Dépenses extraordinaires du Magasin.	5674	19	3
Fournitures des Bureaux.	1388	14	6
Soldats compars.	17206		
Sérénade des Tuileries.	766	10	
Gratifications & Appointemens extraordinaires.	34007		
Frais des Bals.	11820	10	
Honoraires des Sergens-Adjudans. . . . . ,	1600		
Chauffage.	8849	12	
Pensions.	43600		
Plumes extraordinaires.	644		
Étrennes.	891		
Raccomodage d'Instrumens.	885		
Pelleterie.	106	16	
Ouvrages faits au tour.	1789	14	
Nattes & paillassons.	60	18	
Poêlier & Fumiste.	10677	13	6
Ouvrages d'osier	328	10	
Quincaillerie	560		
Corps piqués & Paniers de femme.	1752		
Gardes des Pompiers	3360	15	
Ustensiles du Théâtre.	1296	14	
Garde de Paris.	2324		
Lustrerie.	6057	11	
Nettoyement des boues	600		
Perruquier.	230		
Ebéniste & Tapissier.	1132	11	

TOTAL de la Dépense extraordinaire. . 424898   6   10

RÉCAPITULATION.

Dépense ordinaire. . . . . 541699 l. 12 f. 1 d.
Dépense extraordinaire.. 424898   6   10
Dépense générale de l'année 1783 à 1784....... 966597   18   11

RÉSULTAT de la Recette & de la Dépense de l'année 1783 à 1784.

La Dépense générale étant de. . . . . 966597 l. 18 f. 11 d.
La Recette générale n'étant que de 826061   5   7
Le Déficit est de. 140536   13   4

PRODUIT de chaque OPÉRA, pendant l'année 1783 à 1784.

37 Représentations de Renaud. . . . . 84498 ₶ 4 ſ d

7 dites d'Iphigénie en Tauride, de Gluck, &
   le Devin du Village 13350   12

18 dites d'Atys 33704   10

4 dites de Colinette à la Cour, & d'Ariane.   6313   2

5 dites d'Iphigénie en Aulide, & de la Cher-
   cheufe d'Efprit 14630   18

14 dites de Perronne fauvée. 38236   6

14 dites d'Orphée, & du Ballet de la Rofière.   33071   8

16 dites d'Alexandre aux Indes, & la Rofière.   50458   16

19 dites de Didon. 69746   2

4 dites de l'Inconnue perfécutée.   5111

1 dite du Devin du Village, & la Rofière..   941   10

20 dites de la Caravanne. 65068

8 dites de Chimène. 27904   6

167 Repréfentations.   443034   14

ANNÉE 1784 à 1785,

RÉGIE par les SUJETS uniquement,

RECETTES GÉNÉRALES.

	liv.	s.	d.
Recette à la porte.	472515	16	d.
Loges à l'année	283516	16	9
Abonnemens	120		
Recettes aux Bals	48721		10
Comédie Italienne	32500		
Concert Spirituel	6674	18	8
Loyers du Café & des Boutiques	3000		
Waux-hall d'hiver	600		
Vente des Poëmes	3277	16	
Spectacles forains	40476		
Préfences de Sa Majesté, la Reine	3960		
Remises des Fournisseurs.	86		
TOTAL des Recettes générales	**895448**	**17**	**5**

ANNÉE 1784 à 1785.

DÉPENSE ORDINAIRE.

	liv.	s.	d.
Appointemens du Directeur, Acteurs, Danseurs & Symphonistes	346058	6	8
Appointemens des Employés & Prépofés	40291	13	4
Quart des Pauvres.	72000		
Garde militaire.	11579	10	3
Huile, Chandelle & Bougie	39536	17	8
Semaines des Ouvriers du Théâtre.	37448	18	9
Semaines des Tailleurs	26534	4	8
Affiches	2304		
TOTAL de la Dépense ordinaire	**575753**	**11**	**4**

I

ANNÉE 1784 à 1785.

DÉPENSE EXTRAORDINAIRE.

	tt	ſ	d.
Honoraires d'Auteurs	50564	ſ	d.
Étoffes de ſoie	33396	1	1
Merceries	26773	2	4
Gazes, Crêpes & Blondes	11780	13	9
Dorures	5990	17	
Broderies	2183	5	
Fleurs artificielles	2009	13	6
Lacets	233	13	
Gants	1730	8	
Bas	5278	12	
Souliers	6937	2	
Chapeaux	98	2	
Maſques & Cabochons	298	11	
Blanchiſſage & découpage de Gazes	1644	16	6
Rouge & Pommade	1280		
Impreſſion des Poëmes	4651	3	
Copies de Muſique	10995	2	
Serrurerie	31897	7	7
Ferblanterie	7453	5	
Jettons d'argent	3076		
Marchés à l'année	21883		
Dépenſes pour les Décorations	10215	2	
Peintures & Sculptures	39430	10	
Couleurs pour les Décorations	7163	4	
Peintures ſur les Étoffes, Dégraiſſage & teintures	732	6	
Lycopode, Eſprit-de-vin & Artifice	5829	11	6
Journées des Garçons de l'âtelier des Peintres	1891	14	
Conſtructions au Théâtre & au Magaſin	2575	11	9
	297992	14	

ANNÉE 1784 à 1785.

Suite de la DÉPENSE EXTRAORDINAIRE. 297992^{tt} 14^{s} *d*

Dépenses extraordinaires du Magasin.	6418	19	
Fournitures des Bureaux..................	1992	12	
Soldats compars........................	14605		
Sérénade des Tuileries.	774		
Gratifications & Appointemens extraordinaires.	40037	16	8
Frais des Bals.........................	14214	11	
Honoraires des Sergens-Adjudans..........,	1000		
Chauffage............................	9775	7	
Penſions.............................	41807	15	
Étrennes.............................	981		
Raccomodage d'Inſtrumens	372		
Ouvrages faits au tour...................	1587	1	9
Nattes & paillaſſons.....................	29	12	
Vitrier....	2069	13	
Poêlier & Fumiſte......................	4586	7	9
Ouvrages d'oſier	252	10	
Quincaillerie	555	7	
Corps piqués & Paniers de femme..........	1776		
Gardes des Pompiers	3442	15	
Uſtenſiles du Théâtre.	717	6	5
Garde de Paris.........................	2555		
Luſtrerie.............................	4081	4	
Nettoyement des boues ....,.............	600		
Ebéniſte & Tapiſſier...................	84		

TOTAL de la Dépenſe extraordinaire.. 452308   11   7

RÉCAPITULATION.

Dépense ordinaire. . . . . 575753 l. 11 f. 4 d.
Dépense extraordinaire.. 452308   11   7
Dépense générale de l'année 1784 à 1785........ 1028062   2   11

RÉSULTAT de la Recette & de la Dépense de l'année 1784 à 1785.

La Dépense générale étant de. . . . . 1028062 l. 2 f. 11 d.
La Recette générale n'étant que de 895448 17   5
Le Déficit est de. 132613   5   6

PRODUIT de chaque OPÉRA, pendant l'année 1784 à 1785.

18 Représentations de Chimène.	46110 ll	12 f d
30 *dites* de la Caravanne.	74638	10
15 *dites* des Danaïdes	57407	4
5 *dites* d'Iphigénie en Aulide, & de l'acte de Tibule.	11014	6
9 *dites* d'Atys	18399	2
11 *dites* de Didon.	32539	18
7 *dites* de Castor & Pollux	32869	8
17 *dites* d'Armide.	59631	8
7 *dites* du Seigneur Bienfaisant, en 4 actes..	17360	12
2 *dites* d'Iphigénie en Tauride, de Gluck...	7670	14
10 *dites* de Diane & d'Endimion	20595	8
10 *dites* de Renaud.	15233	6
6 *dites* de Dardanus, en 4 actes.	15771	10
16 *dites* de Panurge.	63273	18
163 Représentations.	472515	16

ANNÉE 1785 à 1786,

Rentrée de M. DAUVERGNE à la Direction avec le Comité.

RECETTES GÉNÉRALES.

Recette à la porte.	459271 lt	10 s	d.
Loges à l'année	288744	1	
Supplément provenant de l'augmentation du prix des Loges	59550		
Recettes aux Bals	39154	10	
Comédie Italienne	40000		
Concert Spirituel	3001	2	8
Loyers du Café & des Boutiques	3025		
Waux-hall d'hiver	1728		
Vente des Poëmes	1254	10	
Spectacles forains	107992	5	4
Remises des Fournisseurs.	1600		
Présences de Sa Majesté, la Reine	1620		

TOTAL des Recettes générales . . . 1007000   19

ANNÉE 1785 à 1786.

DÉPENSE ORDINAIRE.

Appointemens du Comité	22200 lt	s	d.
Appointemens du Directeur, Acteurs, Danseurs & Symphonistes	359766	13	4
Appointemens des Employés & Préposés	37300		
Quart des Pauvres.	72000		
Garde militaire.	11338	1	9
Huile, Chandelle & Bougie	43406	14	4
Semaines des Ouvriers du Théâtre.	37308		7
Semaines des Tailleurs	29107	10	10
Affiches	2700		

TOTAL de la Dépense ordinaire 616327   10

ANNÉE 1785 à 1786.

DÉPENSE EXTRAORDINAIRE.

	tt	ſ	d.
Honoraires d'Auteurs	25820		
Étoffes de foie	22711		2
Merceries.	19085	10	2
Gazes, Crêpes & Blondes	16472	11	10
Dorures.	2485	18	
Broderies	1700	7	6
Fleurs artificielles.	1833	8	
Lacets.	377	11	
Gants.	973	7	
Bas.	6399		
Souliers.	8053	4	
Chapeaux.	237	4	
Maſques & Cabochons.	180	6	
Blanchiſſage & découpage de Gazes.	1951	13	6
Rouge & Pommade.	480		
Impreſſion des Poëmes.	5808	8	
Copies de Muſique	11833	12	
Serrurerie.	8703	9	6
Ferblanterie	2148	11	
Jettons d'argent.	3008		
Marchés à l'année	22646		
Dépenſes pour les Décorations	15143	6	6
Peintures & Sculptures	14126	5	
Couleurs pour les Décorations	4338	8	6
Peintures ſur les Étoffes, Dégraiſſage & teintures.	334	10	
Lycopode, Eſprit-de-vin & Artifice.	4799	3	
Journées des Garçons de l'âtelier des Peintres. . . .	1024	8	
Conſtructions au Théâtre & au Magaſin.	15970	9	11
	218645	12	7

ANNÉE 1785 à 1786.

Suite de la DÉPENSE EXTRAORDINAIRE.	218645^{tt}	12^{ſ}	7
Dépenſes extraordinaires du Magaſin.	3982	14	6
Fournitures des Bureaux.	2039	15	6
Soldats compars.	15329		
Sérénade des Tuileries.	850	5	6
Gratifications & Appointemens extraordinaires.	40385	3	4
Frais des Bals.	14169	6	
Honoraires des Sergens-Adjudans.	1000		
Chauffage.	13696	16	
Penſions.	47446	10	
Plumes extraordinaires.	8428		
Étrennes.	1634		
Raccomodage d'Inſtrumens	348		
Pelleterie.	242		
Ouvrages faits au tour.	2759	10	
Nattes & paillaſſons.	68	12	
Vitrier.	932	1	6
Poêlier & Fumiſte.	4986	19	
Ouvrages d'oſier	326		
Quincaillerie	739	5	
Corps piqués & Paniers de femme.	1848		
Gardes des Pompiers	3397	10	
Uſtenſiles du Théâtre.	1002	18	
Garde de Paris.	2555		
Luſtrerie.	1200	15	
Nettoyement des boues.	600		
Ebéniſte & Tapiſſier.	366		
TOTAL de la Dépenſe extraordinaire. .	388973	13	11

RÉCAPITULATION.

Dépenſe ordinaire. . . . . 616327 l.   ſ. 10 d.
Dépenſe extraordinaire.. . . . . 388973 13 11
Dépenſe générale de l'année 1785 à 1786. . . . . . 1005300 14 9

RÉSULTAT de la Recette & de la Dépenſe de l'année 1785 à 1786.

La Recette générale étant de . . . . 1007000 l. 19 ſ.   d.
La Dépenſe générale n'étant que de. 1005300 14 9
Le Bénéfice eſt de. 1700   4 3

PRODUIT de chaque OPÉRA, pendant l'année 1785 à 1786.

15 Repréſentations de Panurge. . . . . 40875 ₶ 8 ſ d
13 *dites* d'Iphigénie en Tauride, & la Roſière. 34256 14
8 *dites* d'Iphigénie en Aulide, de Gluk, & le 1.ᵉʳ Navigateur. 25611 14
15 *dites* de la Caravanne. 31380 10
8 *dites* de Chimêne, & les Ballets de la Chercheuſe d'Eſprit & du 1.ᵉʳ Navigateur 19916 16
9 *dites* de Pizarre, & le Ballet du Navigateur. . . 26703
13 *dites* de Didon. 33191 16
14 *dites* d'Armide. 36511 2
11 *dites* d'Iphigénie en Tauride, de Piccini, & le 1.ᵉʳ Navigateur. 31786 16
20 *dites* de Colinette à la Cour. 36657 14
9 *dites* des Danaïdes 20882 10
7 *dites* de Renaud, & le Ballet du Navigateur. 22245 12
7 *dites* du Seigneur Bienfaiſant, en 3 actes, & l'acte d'Ariane. 13958 10
9 *dites* de Pénélope. 30109 12
9 *dites* de Dardanus, remis en 3 actes. 26254 4
8 *dites* d'Alceſte. 28929 12

175 Repréſentations. 453271 10

ANNÉE 1786 à 1787,

DIRECTION de M. DAUVERGNE & du Comité.

RECETTES GÉNÉRALES.

Recette à la porte.	423717^{tt} 12^ſ		d.
Loges à l'année	355989	13	
Loges nouvelles	24550		
Abonnemens	240		
Recettes aux Bals	36249		
Comédie Italienne	40000		
Concert Spirituel	3841	11	8
Loyers du Café & des Boutiques	2800		
Waux-hall d'hiver	3360		
Vente des Poëmes	785	4	
Spectacles forains	119339	10	
Bénéfice de l'année 1785 à 1786.	1700	4	3
Préfences de Sa Majefté, la Reine	480		
TOTAL des Recettes générales	1013052	14	11

ANNÉE 1786 à 1787.

DÉPENSE ORDINAIRE.

Appointemens du Comité	22200^{tt}	ſ	d.
Appointemens du Directeur, Acteurs, Danfeurs & Symphoniftes	366950		
Appointemens des Employés & Prépofés	41575		
Quart des Pauvres.	72000		
Garde militaire.	11239	15	
Huile, Chandelle & Bougie	40000		
Semaines des Ouvriers du Théâtre.	40963	8	4
Semaines des Tailleurs	32052		
Affiches	2556		
TOTAL de la Dépenfe ordinaire	629536	3	4

L

ANNÉE 1786 à 1787.

DÉPENSE EXTRAORDINAIRE.

	livres	s	d.
Honoraires d'Auteurs	28570		
Étoffes de foie	26005	15	5
Merceries.	30272	7	4
Gazes, Crêpes & Blondes	19400	11	5
Dorures.	6539	7	
Broderies	1848	15	
Fleurs artificielles.	2323		
Lacets.	453	7	
Gants.	960	1	8
Bas.	6228	10	
Souliers.	8926		
Chapeaux.	322	2	
Mafques & Cabochons.	97	19	
Blanchiffage & découpage de Gazes.	1251	9	
Impreffion des Poëmes.	4255		
Copies de Mufique	3057	4	
Serrurerie.	6491	10	
Ferblanterie	1748	12	
Jettons d'argent.	3200		
Marchés à l'année	22539	10	
Dépenfes pour les Décorations	7230	3	
Peintures & Sculptures	12841		
Couleurs pour les Décorations	1393	18	
Peintures fur les Étoffes, Dégraiffage & teintures.	577	2	
Lycopode, Efprit-de-vin & Artifice.	5058	1	
Journées des Garçons de l'âtelier des Peintres. . .	811	12	
Conftructions au Théâtre & au Magafin.	27360	1	2
	229762	18	

A N N É E 1786 à 1787.

Suite de la DÉPENSE EXTRAORDINAIRE. 229762tt 18ʃ   d

Dépenses extraordinaires du Magasin.	4409	5	6
Fournitures des Bureaux.	1778	16	
Soldats compars.	15550		
Sérénade des Tuileries.	826	17	
Gratifications & Appointemens extraordinaires.	64560 – 11		1
Frais des Bals.	13832		
Honoraires des Sergens-Adjudans. . . . . ,	1400		
Chauffage.	13980	2	
Pensions.	48450 ·		
Plumes extraordinaires.	118		
Étrennes.	1781		
Raccomodage d'Instrumens	1696	14	
Pelleterie.	186		
Ouvrages faits au tour.	1296	19	9
Nattes & paillassons.	84	10	
Poêlier & Fumiste.	4776	14	
Ouvrages d'ofier	587	10	
Quincaillerie	438	19	
Gardes des Pompiers	3590	10	
Ustensiles du Théâtre.	3207	18	
Garde de Paris.	2555		
Nettoyement des boues.	600		
Ebéniste & Tapissier	1297	6	
TOTAL de la Dépense extraordinaire. .	416767	10	4

RÉCAPITULATION.

Dépenſe ordinaire. . . . .   629536 l. 3 ſ. 4 d.
Dépenſe extraordinaire..   416767   10   4
Dépenſe générale de l'année 1786 à 1787.   1046303   13   8

RÉSULTAT de la Recette & de la Dépenſe de l'année 1786 à 1787.

La Dépenſe générale étant de. . . . .   1046303 l. 13 ſ. 8 d.
La Recette générale n'étant que de   1013052   14   11
Le Déficit eſt de   33250   18   9

PRODUIT de chaque OPÉRA, pendant l'année 1786 à 1787.

13 Repréſentations d'Alceſte	38545 ₶ 4 ſ	d.
15 dites de la Caravanne.	26958	10
10 dites de Panurge.	27365	
17 dites d'Armide.	48936	8
20 dites d'Iphigénie en Tauride, & divers Ballets	44156	8
3 dites de Thémiſtocle.	6615	4
15 dites de Didon, & le Ballet de la Roſière..	26452	12
1 dite d'Iphigénie en Aulide.	3244	4
6 dites de Roſine.	14686	12
8 dites des Danaïdes	17094	14
6 dites de Dardanus, en 3 actes.	15179	2
9 dites de la Toiſon d'or, & la Chercheuſe d'Eſprit.	30528	4
21 dites de Phèdre.	63967	18
6 dites de Roland.	14316	
3 dites des Horaces, & le Devin du Village.	10159	2
8 dites d'Œdipe, & le Ballet du 1er Navigateur.	35512	10
161 Repréſentations.	423717	12

ANNÉE 1787 à 1788,

DIRECTION de M. DAUVERGNE & du Comité.

RECETTES GÉNÉRALES.

Recette à la porte.	444654ᵗᵗ	18ˢ	d.
Loges à l'année	415808	15	
Abonnemens.	804		
Recettes aux Bals	34059		
Comédie Italienne	40000		
Concert Spirituel	4541	2	
Loyers du Café & des Boutiques	2100		
Waux-hall d'hiver	3408		
Vente des Poëmes	843	14	
Spectacles forains	116176		
Présences de Sa Majesté, la Reine	240		
TOTAL des Recettes générales	**1062635**	**9**	

ANNÉE 1787 à 1788.

DÉPENSE ORDINAIRE.

Appointemens du Comité	25200ᵗᵗ	ſ	d.
Appointemens du Directeur, Acteurs, Danseurs & Symphonistes	390233	6	8
Appointemens des Employés & Préposés	44375		
Quart des Pauvres.	72000		
Garde militaire.	11302	10	
Huile, Chandelle & Bougie	42160		
Semaines des Ouvriers du Théâtre.	46457	11	4
Semaines des Tailleurs	39479		6
Affiches	2100		
TOTAL de la Dépense ordinaire	**673807**	**8**	**6**

M

ANNÉE 1787 à 1788.

DÉPENSE EXTRAORDINAIRE.

	tt	s	d.
Honoraires d'Auteurs	33870		
Étoffes de soie	49497	13	5
Merceries	46571		7
Gazes, Crêpes & Blondes	28423	1	1
Dorures	12479	8	6
Broderies	4702	2	
Fleurs artificielles	2000	6	
Lacets	1289	16	6
Gants	1486	12	
Bas	9494	4	
Souliers	7301	16	
Chapeaux	311	10	
Masques & Cabochons	733		
Blanchissage & découpage de Gazes	1525	10	
Rouge & Pommade	342		
Impression des Poëmes	4035		
Copies de Musique	9140	16	
Serrurerie	1647	18	
Ferblanterie	2680		
Jettons d'argent	6607	12	
Marchés à l'année	7605		
Dépenses pour les Décorations	8887	2	
Peintures & Sculptures	26562	4	
Couleurs pour les Décorations	11910		6
Peintures sur les Étoffes, Dégraissage & teintures	1014	5	6
Lycopode, L'esprit-de-vin & Artifice	4195	7	
Journées des Garçons de l'atelier des Peintres	3734	12	6
Constructions au Théâtre & au Magasin	528	13	4
Dépenses extraordinaires du Magasin	4721	15	6
	293298	6	5

A N N É E 178⁶ à 178⁷.

Suite de la DÉPENSE EXTRAORDINAIRE. 293298ℓ 6ſ 5d

Fournitures des Bureaux.	2410	4
Soldats compars.	15467	10
Sérénade des Tuileries.	781	17
Gratifications & Appointemens extraordinaires.	27251	10
Frais des Bals.	12245	2
Honoraires des Sergens-Adjudans.	·1400	
Chauffage.	10449	12
Penſions.	48750	
Étrennes.	1790	
Raccomodage d'Inſtrumens	708	
Ouvrages faits au tour.	106	10
Ouvrages d'oſier	13	10
Gardes des Pompiers	3194	5
Uſtenſiles du Théâtre.	527	16
Garde de Paris.	2562	
Luſtrerie.	133	10
Nettoyement des boues.	600	
Ebéniſte & Tapiſſier.	54	
TOTAL de la Dépenſe extraordinaire. .	421743	12	5

R É C A P I T U L A T I O N.

Dépenſe ordinaire.	673807 l.	8 ſ. 6 d.
Dépenſe extraordinaire.	421743	12 5
Dépenſe générale de l'année 1787 à 1788.	1095551	11

R É S U L T A T *de la Recette & de la Dépenſe de l'année* 1787 *à* 1788.

La Dépenſe générale étant de.	1095551 l.	ſ. 11 d.
La Recette générale n'étant que de	1062635	9
Le Déficit eſt de	32915	11 11	.

PRODUIT de chaque OPÉRA, pendant l'année 1787 à 1788.

16 Représentations d'Alcindor..............	48168 *lt*	10 *s* d.
9 *dites* de Phédre, suivies de divers ballets...	24459	8
11 *dites* de Dardanus....................	21556	4
15 *dites* d'Armide....................	41612	12
1 *dite* de Didon, & le nouveau Divertiſſe-ment....................	1913	6
5 *dites* d'Alceſte, & le nouveau Divertiſſement.	15587	16
13 *dites* du Roi Théodore à Veniſe..........	33221	16
5 *dites* de Pénélope....................	13813	2
6 *dites* de Roland....................	7490	4
33 *dites* de Tarare....................	121717	
15 *dites* d'Iphigénie en Tauride, de Gluk, & divers Ballets....................	33853	14
11 *dites* de Panurge....................	27758	
15 *dites* d'Œdipe, & le Ballet du Déſerteur....	51644	6
1 *dite* d'Iphigénie en Aulide..............	1859	
156 Repréſentations.	444654	18

[N°. 4.]

*É*TAT *des Habits du Magasin des Menus - Plaisirs du Roi, livrés à l'Opéra, suivant les reçus de M. de Chanslay, Garde-Magasin général de l'Opéra,*

Depuis l'année 1780 jusqu'à Pâques 1789.

Mois.	1780 à 1781.	Habits.
Avril 1780.	Pour Atys, le Ballet de Ninette & Castor......	386
Mai......	Pour Andromaque........................	76
Juin......	Pour le Ballet de Galathée, Laure & Pétrarque	98
Juillet.....	Pour Damette, Zulmis & Iphigénie...........	104
Août	Pour Rolland & le Ballet de Ninette........	50
Septembre..	Pour les Fragments.....................	68
Octobre....	Pour Persée.........................	233
Novembre..	Pour le Seigneur Bienfaisant..............	47
Décembre..	Pour Castor & le Prologue de Sylvie..........	210
Janv. 1781.	Pour Sylvie, Vertumne & Iphigénie en Tauride..	43
Février....	Pour le Ballet de Mirza..................	108
Mars......	Pour Iphigénie en Tauride	16
		1439

1781 à 1782.		
Mai...1781.	Pour le Devin, Orphée & le Bon Seigneur	75
Août......	Pour Myrtil, le Devin, Echo & Narcisse.......	163
Septembre..	Pour l'Inconnue persécutée & Adèle...........	156
Octobre....	Pour différens caractères.................	6
Novembre..	Pour Iphigénie, Apollon & Coronis...........	121
Décembre..	Pour différens caractères.................	200
Janv. 1782.	Pour *Idem*	68
Février....	Pour Thésée, &c.......................	135
Mars......	Pour différens caractères	33
		957

N

MOIS.	*1782 à 1783.*	Habits.
Avril 1782.	Un Habit....................................	1
Mai......	Deux Habits	2
Juin......	Pour Caſtor, &c............................	281
Juillet....	Pour différens caractères.....................	283
Août......	*Idem*	65
Septembre..	*Idem*..	49
Octobre....	*Idem*..	4
Novembre..	Pour le Ballet de Ninette & l'Embarras des Richeſſes.	137
Décembre..	Pour différens caractères.....................	12
Janv. 1783.	Pour *Idem*	32
Février....	*Idem*..	65
Mars......	*Idem*..	15
		946
	1783 à 1784.	
Mai. .1783.	Pour Péronne................................	34
Juillet.....	Pour la Roſière, Atys & Orphée	112
Août......	Pour Alexandre	61
Septembre..	Pour différens caractères.....................	15
Octobre....	*Idem*..	2
Novembre..	Pour Didon..................................	200
Décembre ..	Pour différens caractères.....................	2
Janv. 1784.	Pour la Caravanne & le Ballet de l'Oracle.......	282
Février....	Pour Chimène & Caſtor......................	123
Mars.......	Pour l'Acte de Tibulle........................	30
		861
	1784 à 1785.	
Mars. 1784.	Pour différens caractères.....................	56
Mai......	*Idem*	2
Juillet.....	Pour Armide, &c.............................	403
Août......	Pour différens caractères.....................	92
Octobre....	*Idem*..	27
Novembre..	Pour Dardanus...............................	117
Décembre ..	Pour différens caractères.....................	29
		729

MOIS.		Habits.
	Suite de l'année 1784 à 1785. Ci-contre...	729
Janv. 1785.	*Idem*......................................	11
Février....	*Idem*......................................	22
Mars......	*Idem*......................................	14
		773
	1785 à 1786.	
Avril 1785.	Pour différens caractères...................	69
Mai.......	*Idem*......................................	17
Juin.......	*Idem*......................................	51
Novembre..	Pour Pénélope , &c.......................	234
Janv. 1786.	Pour Dardanus	65
Février....	Pour Alceste , &c.......................	116
Mars......	Pour Mirza.............................	83
		635
	1786 à 1787.	
Avril 1786.	Pour différens caractères...................	31
Mai.......	Pour Thémistocle......................	139
Juin.......	Pour Didon & la Rosiere..................	116
Juillet.....	Pour différens caractères	8
Août......	Pour Panurge & la Chercheuse d'Esprit	57
Septembre. .	Pour différens caractères....................	5
Novembre..	Pour la Caravanne , Phèdre, Roland & les Sauvages, Ballet....................	326
Décembre ..	Pour les Horaces & le Devin du Village	164
Janv. 1787.	Pour Œdipe	28
Février....	Pour la Rosière........................	10
		884
	1787 à 1788.	
Avril 1787.	Pour Alcindor.........................	277
Mai.......	Pour différens caractères..................	52
Juin......	*Idem*..................................	5
Juillet.....	*Idem*..................................	42
Septembre..	*Idem*..................................	4
		380

MOIS.	Habits.
Suite de l'année 1787 à 1788. De l'autre part.....	380
Octobre.... Idem...	30
Novembre.. Idem...	40
Décembre.. Idem...	64
	514
1788 à 1789.	
Mars 1788. Pour différens caractères	35
Avril...... Idem..	39
Mai....... Idem..	9
Juin ...... Idem..	2
Juillet..... Idem..	28
Septembre.. Idem..	2
Janv. 1789. Idem..	14
Février.... Idem..	20
Mars...... Idem..	20
	169

RÉCAPITULATION.

ANNÉES.	Habits.
1780 à 1781...................................	1439
1781 à 1782...................................	957
1782 à 1783...................................	946
1783 à 1784...................................	861
1784 à 1785...................................	773
1785 à 1786...................................	635
1786 à 1787...................................	884
1787 à 1788...................................	514
1788 à 1789...................................	169
TOTAL...................................	7178

[N°. 5.]

FAITS RELATIFS à la construction de la Salle provisoire de l'Opéra, sur le Boulevard de la Porte Saint Martin.

APRÈS l'incendie de l'Opéra, arrivé en 1781, M. Amelot, alors Ministre, Secrétaire d'État de la Maison du Roi & du Département de Paris, s'étant donné la peine de faire lui-même, pendant plusieurs jours, des perquisitions dans différentes Salles de Spectacles, sur les Boulevards, pour y placer provisoirement l'Opéra; reconnût par lui-même que nuls de ces endroits ne présentoient, malgré les dépenses qu'on auroit pu faire, un local suffisant pour l'exécution d'un pareil Spectacle; il fit de nouvelles recherches & découvrit le terrein où est actuellement la Salle provisoire que le sieur le Noir alloit exploiter pour y construire, pour sa Compagnie, un second hôtel pareil à celui attenant l'Opéra, & que ce Spectacle occupe, tant pour son service que pour les Foyers du public, Salle d'assemblée, Café & autres accessoires; le Ministre manda le sieur le Noir, & lui proposa de construire une Salle provisoire pour l'Opéra, si le terrein pouvoit y suffire, ce qui ayant été reconnu possible, après vérification & la présentation de plusieurs Plans, il reçut en conséquence les ordres nécessaires, & cette Salle fut en effet construite, avec une célérité qui tient de l'enchantement, c'est-à-dire, en soixante-cinq jours.

En 1782, l'Artiste fut chargé de rallonger le Théâtre, en prenant sur la rue de Bondy ce qui étoit nécessaire. Cette augmentation a été faite en très-peu de tems & n'a exigé l'interruption que de deux représentations.

On observe que l'Artiste, ayant reconnu dès le commencement, la nécessité indispensable de ce rallongement, avoit disposé sa premiere construction de maniere à y adapter cette seconde, sans nuire en aucune façon à la solidité de la Salle; cette augmentation a procuré non seulement un service complet pour le Théâtre, mais encore dix Loges de plus sur le Théâtre, deux cens places de plus au Parterre, & trente places

O

de plus à l'Amphithéâtre. Ces augmentations de loges & de places ont produit annuellement 55 à 60000 livres.

On dira peut-être qu'il falloit, lors de la premiere conftruction faire ce rallongement.

L'Artifte objecte qu'il n'avoit que foixante-cinq jours pour faire fon opération, & que s'il eut demandé le terrein fur la rue de Bondy, les entraves & les longueurs du Bureau des Finances, auroient entraîné trois mois de tems & fon opération manquée.

En 1786, pendant la quinzaine de Pâques, l'Artifte a propofé une augmentation de treize loges nouvelles dans les combles , moyennant 20000 livres ; il en a fait vingt au lieu de treize, fans exiger aucune indemnité. Ces Loges ont produit la premiere année 27 à 28000 livres.

En 1788, pendant la quinzaine de Pâques, l'Artifte a propofé une autre augmentation de plufieurs loges entre les quatriemes & cinquiemes, moyennant le revenu de la premiere année de leur location.

Il en a fait quatre à cinq dont on n'a pas jugé à propos de lui payer le revenu de la premiere année malgré fa convention. En outre, il a fait différens changemens aux quatriemes , cinquiemes & même aux troifiemes Loges.

Au commencement de 1789, & bien après tous les changemens & augmentations, le Miniftre, d'après de faux bruits , répandus par la cabale, a ordonné une vifite exacte & fcrupuleufe de la Salle & du Théâtre. En conféquence, MM. Moreau, Paris, Célérier, Architectes ; Bouley, Machinifte, & la majeure partie des Entrepreneurs-Conftructeurs, ainfi que le fieur le Noir s'y font tranfportés. Il a été dreffé Procès-Verbal, remis au Miniftre, par lequel il appert que la Salle eft de la plus grande folidité & qu'elle n'a éprouvé aucun mouvement, ce qui a été configné dans les Journaux dans les termes fuivants :

« L'Adminiftration de l'Académie Royale de Mufique informée des
» bruits fomentés par quelques perfonnes peu inftruites ou mal inten-
» tionnées, ou dirigées par des vues particuliéres fur la folidité de la
» Salle provifoire des Boulevards Saint-Martin, a cru devoir, nonobftant
» les vifites réitérées qu'elle fait fouvent faire dans ladite Salle, appeller
» ces jours derniers plufieurs Architectes de l'Académie & autres per-
» fonnes diftinguées par leurs talens & leurs connoiffances en Architec-
» ture, pour faire une vifite particuliere & des plus exacte, depuis

» les fondemens jufqu'aux combles, tant dans les dedans qu'au dehors
» de ladite Salle, lefquels ont dreffé & figné le procès-verbal détaillé
» de fa fituation, lequel a été remis au Miniftre, & qui fe termine ainfi :
» Ayant à réfumer notre avis après ladite vifite, Nous déclarons &
» certifions que l'Édifice de la Salle & Théâtre de l'Opéra, à Paris,
» près la porte Saint Martin, eft dans un état de confervation & de
» folidité, qui ne laiffe appercevoir d'altération dans aucune de fes parties,
» foit en mâçonnerie, foit charpente & fers, même des planchers &
» établiffemens du Théâtre, que la nature & la légereté des bois qui y
» font néceffairement employés, rendroient plus fufceptibles d'en éprouver.

» Nous croyons que tous les Spectacles auxquels ce Théâtre eft deftiné,
» peuvent y être donnés, & que les Spectateurs, en tel nombre qu'ils puif-
» fent s'y raffembler, y feront en toute fûreté de leur perfonne, même
» contre les incendies ; au moyen des précautions qui font établies, pour
» les prévenir, on y peut donner le plus prompt fecours. En foi de
» quoi, Nous avons figné ledit jour & an que deffus ». (& en l'original
font les fignatures).

Nota. Le fieur le Noir, pour la plus grande fûreté du public & fa tran-
quillité, déclare affirmativement, que dans tous les changemens & augmentations faits à la Salle, il a fait exécuter & fuivi lui-même les Ouvriers jour &
nuit fans interruption, ne s'en étant rapporté qu'à lui-même, à ce fujet. Auffi
cette Salle peut-elle exifter encore un grand nombre d'années, fans avoir befoin
d'autres réparations que celles d'ufages, dans l'entretien de tous les Bâtimens
quelconques. C'eft donc à tort, que l'on a répandu qu'elle n'a été bâtie que
pour cinq ans, d'autant mieux, que fi le fieur le Noir fut refté propriétaire
de ladite Salle, il lui avoit été accordé un privilége de vingt années, pour y
faire donner des Spectacles, ou la louer à des Entrepreneurs, auxquels il
auroit pu la vendre, avec une garantie de trente ou quarante ans de jouiffance.

Signé, LE NOIR, Architecte.